초능력 국어 독해를 사면
초능력⁺쌤이 우리집으로 온다!

▶ 초능력 쌤과 함께하는 지문 분석 동영상 강의 무료 제공

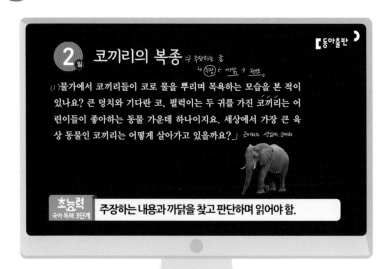

글이 조금만 길어도 어떻게 읽어야 할지 막막해요. 도와줘요~ 초능력 쌤!

그건 독해를 할 때 지문 구조를 생각하지 않고 되는대로 읽기 때문이야.

지문 구조요? 글을 읽고 내용만 알면 됐지, 지문 구조도 생각해야 해요?

3개의 지문 분석 강의를 보면 쉽게 알 수 있어. 지금 바로 스마트러닝에 접속해 봐.

초능력 쌤이랑 공부하니 제대로 독해를 할 수 있게 되었네요!

ᯤ 초능력 국어 독해 무료 스마트러닝 접속 방법

동아출판 홈페이지 www.bookdonga.com에 접속하면 초능력 국어 독해 무료 스마트러닝을 이용할 수 있습니다.

핸드폰이나 태블릿으로 교재 표지나 본문에 있는 QR코드를 찍으면 무료 스마트러닝에서 지문 분석 동영상 강의를 이용할 수 있습니다.

초능력 쌤과 키우자, 공부힘!

국어 독해

예비 초등~6학년(전 7권)

- 30개의 지문을 글의 종류와 구조에 따라 분석
- 지문 내용과 관련된 어휘와 배경지식도 탄탄하게 정리

수학 연산

1학년~6학년(전 12권)

- 학년, 학기별 중요 연산 단원 집중 강화 학습
- 원리 강의를 통해 문제 풀이에 바로 적용

맞춤법+받아쓰기

예비 초등~2학년(전 3권)

- 맞춤법의 기본 원리를 이해하기 쉽게 설명
- 맞춤법 문제도 재미있는 풀이 강의로 해결

구구단 / 시계 · 달력 / 분수

1학년~5학년(전 3권)

- 초등 수학 핵심 영역을 한 권으로 효율적으로 학습
- 개념 강의를 통해 원리부터 이해

비주얼씽킹 초등 한국사 / 과학

1학년~6학년(각 3권)

- 비주얼씽킹으로 쉽게 이해하는 한국사
- 과학 개념을 재미있게 그림으로 설명

급수 한자

8급, 7급, 6급(전 3권)

- 급수 한자 8급, 7급, 6급 기출문제 완벽 분석
- 혼자서도 한자능력검정시험 완벽 대비

주	주제	제목	교과 연계
4주	사회 공헌	• 노블레스 오블리주 | 설명문 • 여섯 가지 가훈 | 설명문	**사회 4-2** 3. 사회 변화와 문화의 다양성
	소리의 성질	• 식물도 소리를 듣는다 | 설명문 • 유리병 실로폰 | 설명문	**과학 3-2** 5. 소리의 성질
	도전과 모험	• 걸리버 여행기 | 세계 명작 동화 • 피노키오의 모험 | 세계 명작 동화	**국어 3-2** 7. 글을 읽고 소개해요
	최선을 다하는 삶	• 판테온에 묻힌 마리 퀴리 | 전기문 • 바보 의사 장기려 | 전기문	**국어 4-2** 6. 본받고 싶은 인물을 찾아봐요
	자연을 노래해요	• 나무 타령 | 시(전래 동요) • 산유화 | 시	**국어 3-1** 1. 재미가 톡톡톡
5주	환경에 따른 생활 모습	• 일본의 음식 문화 | 설명문 • 바자우족의 집 | 설명문	**사회 3-2** 1. 환경에 따라 다른 삶의 모습
	지구와 물질	• 물의 변화 | 설명문 • 온난화를 부르는 이산화 탄소 | 설명문	**과학 3-2** 4. 물질의 상태
	추구하는 삶	• 고추잠자리 꿈쟁이의 흔적 | 창작 동화 • 연어의 꿈 | 창작 동화	**국어 3-2** 6. 마음을 담아 글을 써요
	세계인의 축제	• 월드컵 거리 응원 | 설명문 • 재미있는 컬링 | 설명문	**체육 3학년**
	인물의 마음	• 로미오와 줄리엣 | 희곡 • 개와 고양이 | 희곡	**국어 3-2** 9. 작품 속 인물이 되어
6주	우리의 역사	• 위화도 회군은 정당한가? | 토론 • 광개토 대왕릉비에 있는 것 | 설명문	**사회 3-2** 2. 시대마다 다른 삶의 모습
	동물의 생활	• 코끼리의 복종 | 논설문 • 하늘이 내린 벌레, 누에 | 설명문	**과학 3-2** 2. 동물의 생활
	지혜를 배워요	• 저승의 곳간 | 전래 동화 • 도깨비와 수수께끼 내기 | 전래 동화	**국어 3-2** 8. 글의 흐름을 생각해요
	열정을 다해	• 제인 구달의 사랑 | 전기문 • 일레인 톰프슨의 도전 | 기사문	**국어 3-1** 5. 중요한 내용을 적어요
	삶의 깨달음	• 현이의 연극 | 수필 • 우애 있는 닭 | 수필	**국어 4-2** 9. 감동을 나누며 읽어요

초능력

국어 독해

3 단계
학년

1 독해력이 무엇인가요?

독해는 '讀 읽을 독, 解 풀 해', 즉 글을 읽어서 그 뜻을 이해한다는 뜻의 말이에요. 따라서 독해력은 글을 읽는 능력을 뜻하지요. 독해력은 모든 공부의 기본입니다. 바르게 독해만 할 수 있다면 국어를 비롯해 수학, 사회, 과학과 같은 과목 공부도 그 내용을 정확하게 이해하고 문제를 해결할 수 있기 때문입니다.

2 독서를 많이 하면 독해력이 길러지나요?

꼭 그렇지만은 않습니다. 물론 독서는 독해력의 기본 바탕이지만, 무조건 책을 많이 읽는다고 독해력이 향상되는 것은 아닙니다. 평소 글의 중요 내용을 파악하고, 스스로 정리해 보는 습관을 가지는 것이 더 중요합니다. 또, 설명문, 논설문, 시, 동화 등 다양한 종류의 글을 매일 접하며 글의 앞뒤 맥락을 파악하고 감상하는 것이 필요합니다.

3 독해력을 기르려면 어떻게 해야 하나요?

첫째, 글의 종류에 맞는 독해 방법을 잘 알아야 합니다. 설명문, 논설문과 같은 글은 객관적인 정보나 글쓴이의 생각을 찾아보는 것이 중요합니다. 또, 시, 동화와 같은 글은 표현 방법이나 글쓴이의 마음을 이해하는 것이 중요합니다. 둘째, 처음 보는 낯선 내용의 글, 쉬운 글부터 어려운 글, 짧은 글부터 긴 글까지 꾸준히 독해 연습을 해야 합니다.

4 독해력을 기르면 어휘 능력, 글쓰기 능력도 키워지나요?

한 편의 글은 수많은 어휘가 의미 있게 모여 완성됩니다. 따라서 어휘의 뜻을 바르게 알고 있어야 독해를 제대로 할 수 있고, 글에 쓰인 다양한 어휘의 뜻을 알아 두면 자연스럽게 어휘 능력도 향상됩니다. 그리고 독해는 결국 하나의 핵심을 파악하는 것이 목적인 활동이므로, 글을 읽고 핵심 문장을 쓰는 글쓰기 능력도 함께 키울 수 있습니다.

그래서 초능력 국어 독해가 만들어졌습니다!

"초능력 국어 독해"는 예비 초등 ~ 초등 6학년의 독해 수준에 맞게 단계별로 구성하여 권장 학년에 따라 학습할 수 있습니다. 독해력이 다소 부족한 경우에는 낮은 단계를 선택해 독해력을 다지기도 좋습니다. 또, 교과 연계 글을 수록하여 자연스럽게 사회, 역사, 과학, 국어, 예체능, 바슬즐 교과의 지식을 습득하고, 글을 읽는 능력까지 기르도록 하였습니다.

"초능력 국어 독해"로 하루에 2개 지문을 독해, 6주 완성! 평소 긴 글을 읽기 싫어하는 친구도 60개의 폭넓은 소재로 쓰인 글을 30일이면 부담 없이 쉽고 재미있게 학습할 수 있습니다. 또, 글의 주제·구조·표현 방법·배경·인물 파악 등 다양한 유형의 독해 문제를 풀면서 중요 내용을 빠르고 정확하게 이해할 수 있습니다.

"초능력 국어 독해"로 설명문, 논설문, 안내문, 광고문, 시, 창작 동화, 전래 동화, 세계 명작 동화, 희곡, 수필 등 여러 갈래의 글을 접할 수 있습니다. 또, 사회, 과학, 문학, 인물, 예술, 스포츠 영역의 여섯 가지 주제별 글을 독해하며 배경지식까지 풍부하게 쌓을 수 있습니다.

"초능력 국어 독해"로 독해를 하기 위해 꼭 필요한 어휘와 자세히 알아 두면 좋은 어휘를 간단하고 재미있는 퀴즈로 풀며 어휘 실력을 쌓을 수 있습니다. 그리고 자신이 읽은 글의 핵심 내용을 마지막으로 정리해 보는 훈련을 반복적으로 하며 논리적인 글쓰기 능력까지 기를 수 있습니다.

"초능력 국어 독해"를
학습하는 방법

글의 종류를 먼저 파악하고 그에 맞게
차분히 글을 읽으며 내용을 이해하세요.

하루 2개 지문 독해 도전

2

지문 분석 강의

QR 코드를 찍어 매일 새로운
지문의 분석 방법을 배우며
독해 연습을 꾸준히 하세요.

1 일 **천국의 섬, 우도**

사회
우리 고장

제주도 동쪽 끝에 아름다운 섬 '우도'가 있습니다. 지
워 있는 소의 모습을 한 우도를 여행하게 되었습니다.
아침 10시, '성산항'에서 배를 타고 출발했습니다. 설레
15분 만에 우도 '하우목동 신착장'에 도착했습니다.
　우리가 우도에서 제일 먼저 찾아간 곳은 우
우리인 '우두봉'입니다. 소머리를 닮았다고 해
머리 오름이라고 불립니다. 흐르는 땀을 닦
르자, 눈앞에 연초록의 풀잎과 파란 바닷물
풍경을 보고 동생과 저는 감탄을 하여 크게
　우리는 다음으로 산호로 만들어진 백사
나라에 오직 한 곳뿐인 이 산호 백사장
우도에서 가장 유명한 관광지입니다
다도 아름다웠지만, 서빈백사가
과 마주본 모습이 잊혀지지
다음 장소로 이동할 때, 아버지께서
습니다. 옛날, 우도에 전복

어휘 퀴즈 다음 뜻을 지닌 낱말을 찾아 ✔표 하

❶ 산이나 들, 강, 바다 따위의 자연이나 지역의

　☐ 광장　　　　☐ 풍력

❷ 강가나 바닷가의 흰모래가 깔려 있는 곳.

　☐ 백지장　　　☐ 해안로

3

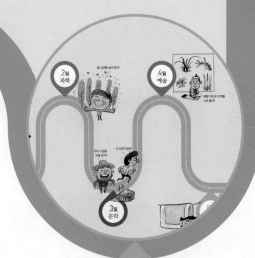

독해 미리보기

재미있는 그림을 보며 앞으로 읽게
될 글의 내용을 예상해 보세요.

지문 속 어휘 퀴즈

알쏭달쏭 어휘 퀴즈를 풀며 중요하고
헷갈리기 쉬운 어휘의 뜻을 확인하세요.

다양하고 흥미로운 어휘 문제로
학습한 내용의 관련 어휘 실력까지 쌓으세요.

어휘로 한 주 마무리

5

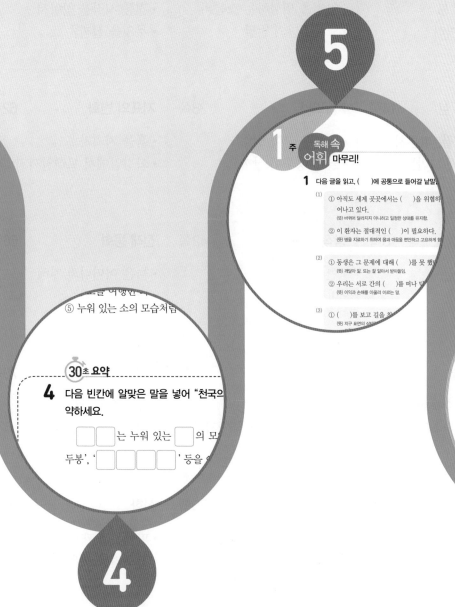

4

핵심 내용 파악부터 요약까지

글을 제대로 읽었는지 독해 문제로 확인하고,
글의 핵심 내용을 담은 요약 글을 완성하세요.

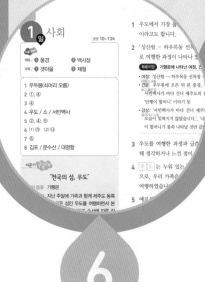

6

친절한 정답 풀이

'독해 비법'과 '오답을 조심해'로
문제 풀이를 완벽하게 하세요.

"초능력 국어 독해"의 차례

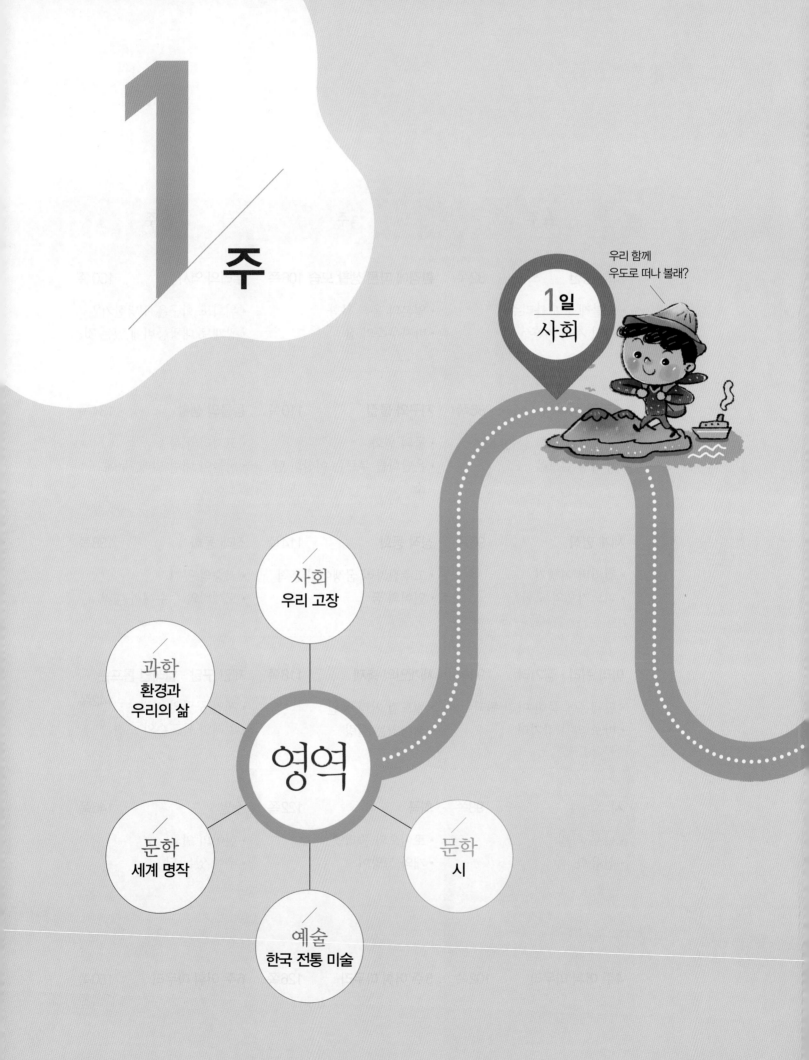

1
주

1일
사회

우리 함께
우도로 떠나 볼래?

사회
우리 고장

과학
환경과
우리의 삶

영역

문학
세계 명작

문학
시

예술
한국 전통 미술

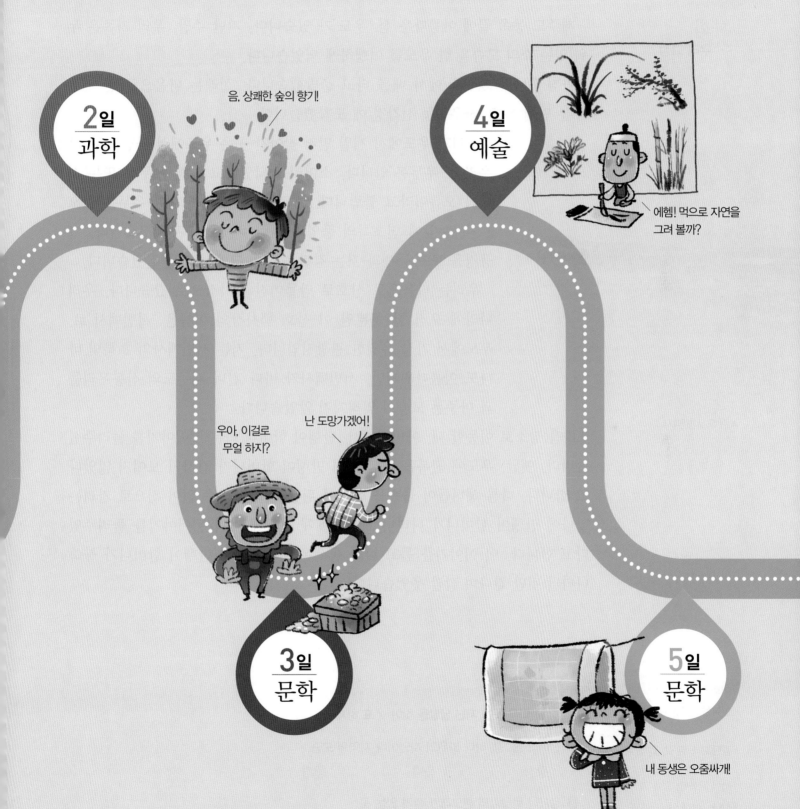

지문 분석 강의

천국의 섬, 우도

사회
／ 우리 고장

　제주도 동쪽 끝에 아름다운 섬 '우도'가 있습니다. 지난 주말, 우리 가족은 누워 있는 소의 모습을 한 우도를 여행하게 되었습니다.

　아침 10시, '성산항'에서 배를 타고 출발했습니다. 설레는 마음으로 탄 배는 15분 만에 우도 '하우목동 선착장'에 도착했습니다.

　우리가 우도에서 제일 먼저 찾아간 곳은 우도에서 가장 높은 봉우리인 '우두봉'입니다. 소머리를 닮았다고 해서 우두봉 또는 쇠머리 오름이라고 불립니다. 흐르는 땀을 닦아 가며 우두봉에 오르자, 눈앞에 연초록의 풀잎과 파란 바닷물이 펼쳐졌습니다. 그 풍경을 보고 동생과 저는 감탄을 하여 크게 소리를 질렀습니다.

　우리는 다음으로 산호로 만들어진 백사장으로 갔습니다. 우리나라에 오직 한 곳뿐인 이 산호 백사장의 이름은 '서빈백사'로, 우도에서 가장 유명한 관광지입니다. 저는 서빈백사의 초록빛 바다도 아름다웠지만, 서빈백사가 바다 건너 제주도의 산봉우리들과 마주본 모습이 잊혀지지 않았습니다.

▲ 우도 서빈백사

　다음 장소로 이동할 때, 아버지께서 '만행이 할머니'라는 옛이야기를 들려주셨습니다. 옛날, 우도에 전복을 따던 해녀 만행이 할머니가 갑자기 보이지 않았다고 합니다. 다른 해녀들이 물속을 샅샅이 뒤졌지만 찾을 수 없어 집으로 가려는 찰나에 만행이 할머니가 나타나 해녀들에게 용궁에 다녀온 이야기를 들려주었다고 합니다. 이 이야기를 듣고 나와 동생은 바닷속에서 만행이 할머니가 불쑥 나타날 것만 같다며 깔깔 웃었습니다.

어휘 뜻

● **선착장** 배가 와서 닿는 곳.

● **감탄(感** 느낄 감, **歎** 탄식할 탄) 마음속 깊이 느끼어 탄복함.

● **찰나** 어떤 일이나 사물 현상이 일어나는 바로 그때.

어휘 퀴즈 다음 뜻을 지닌 낱말을 찾아 ✔표 하세요.

❶ 산이나 들, 강, 바다 따위의 자연이나 지역의 모습.

☐ 광장　　　☐ 풍력　　　☐ 풍경

❷ 강가나 바닷가의 흰모래가 깔려 있는 곳.

☐ 백지장　　　☐ 해안로　　　☐ 백사장

1 다음에서 설명하는 산봉우리의 이름을 이 글에서 찾아 쓰세요.

> • 소머리를 닮았다고 해서 이름 붙여졌다.
> • 제주도 동쪽 끝에 있는 우도에서 가장 높은 봉우리이다.

(   )

2 이 글에서 글쓴이가 본 것과 들은 것, 느낀 것으로 알맞은 것을 두 가지 고르세요.

(,   )

① 본 것: 서빈백사
② 들은 것: 우도가 생긴 유래
③ 본 것: 성산항의 저녁 풍경
④ 들은 것: '만행이 할머니' 이야기
⑤ 느낀 것: 배를 타고 여행하기 힘듦.

3 이 글의 특징을 바르게 설명한 것은 무엇인가요? (   )

① 해녀가 되는 방법을 자세히 설명한 글이다.
② 견학한 곳을 소개하는 보고서로, 느낀 점은 쓰지 않은 글이다.
③ 우도에 전해져 내려오는 여러 가지 옛이야기를 소개한 글이다.
④ 우도를 여행한 과정에 따라 여행지에서 얻은 감상을 쓴 글이다.
⑤ 누워 있는 소의 모습처럼 생긴 우도를 짧은 언어로 노래하듯이 쓴 글이다.

30초 요약

4 다음 빈칸에 알맞은 말을 넣어 "천국의 섬, 우도"의 핵심 내용을 한 문장으로 요약하세요.

□□는 누워 있는 □의 모양을 한 아름다운 섬으로, 우리 가족은 '우두봉', '□□□□' 등을 여행하였습니다.

김포의 자랑거리

　우리나라에서 최초로 쌀농사를 시작한 곳이 어디인 줄 아나요? 예로부터 비옥한 농경지와 물길의 중심지로 알려진 이곳은 바로 경기도의 김포입니다.

　김포는 고구려 때 '검포'라고 불렸는데, '검'은 신 또는 왕을 뜻하는 글자이고, '포'는 배가 드나드는 물가를 뜻합니다. 검포는 신이나 왕이 다스리던 신성한 갯마을이라는 뜻이지요. 이 '검포'가 통일 신라 이후에 '김포'가 되었습니다.

　김포에는 다른 고장 사람들에게 자랑할 만한 곳이 많습니다. 먼저, 경치가 아름다워 김포의 금강산이라 불리는 문수산이 있습니다. 문수산의 꼭대기에 오르면 한강과 북한에 있는 송악산까지 볼 수 있습니다. 또, 조선 숙종 때 쌓은 문수산성도 있어 우리 조상들의 숨결을 느낄 수도 있습니다.

　다음으로, 김포에는 대명항이 있습니다. 대명항은 '이무기'를 뜻하는 대망처럼 바다를 향해 굽어 있다고 해서 대망고지, 대명곶으로 불렸습니다. 오늘날 대명항에는 해산물을 파는 시장이 있습니다. 이곳에서 봄에는 주꾸미, 가을 즈음에는 꽃게, 늦가을이면 새우젓을 판매하는데, 싱싱한 제철 어류가 많아 손님들의 발길이 끊이지 않습니다.

어휘 뜻

- **비옥한** 땅이 걸고 기름진.
- **신성한** 함부로 가까이 할 수 없을 만큼 고결하고 거룩한.
- **문수산성** 경기도 김포시 월곶면 포내리에 있는 조선 시대의 산성.

- **대명항** 경기도 김포시 대곶면 대명리에 있는 포구.

- **곶** 바다 쪽으로, 부리 모양으로 뾰족하게 뻗은 육지.

어휘 퀴즈 다음 뜻을 지닌 낱말을 찾아 ✔표 하세요.

❶ 바닷물이 드나드는 곳의 물가에 자리 잡고 있는 마을.

　☐ 갯바위　　　☐ 산마을　　　☐ 갯마을

❷ 알맞은 시절.

　☐ 제철　　　☐ 한철　　　☐ 사철

5 김포에 대한 설명으로 알맞은 것을 모두 고르세요. (　,　,　)

① 처음부터 '김포'라 불렸다.

② 조선 숙종 때 쌓은 문수산성이 있다.

③ 문수산의 꼭대기는 북한에 속해 있다.

④ 대명항은 대망고지, 대명곶으로 불렸다.

⑤ 예로부터 비옥한 농경지와 물길의 중심지로 알려져 있다.

6 서로 관계 있는 것끼리 선으로 이으세요.

(1)　문수산　•

(2)　대명항　•

• ㉮　김포의 금강산이라 불리는 곳

• ㉯　대망처럼 바다를 향해 굽어 있는 곳

7 다음은 민준이가 이 글을 읽고 쓴 글입니다. 생각이나 느낌에 해당하는 것은 무엇인가요? (　　　)

> ① 이 글은 김포에 대해 설명한 글이다. ② 김포는 우리나라에서 최초로 쌀농사를 시작한 곳으로, 경기도에 있다. ③ 글을 읽고, '김포'가 고구려 때 '검포'라고 불렸다는 사실을 새롭게 알게 되었다. ④ 또, 김포에 있는 대명항의 시장에서는 꽃게와 새우젓 등을 판다고 한다. ⑤ 문수산에서 북한의 송악산까지 볼 수 있다는 것이 놀라워서 꼭 한 번 김포로 여행을 가고 싶다.

30초 요약

8 다음 빈칸에 알맞은 말을 넣어 "김포의 자랑거리"의 핵심 내용을 한 문장으로 요약하세요.

　　고구려 때 '검포'라고 불렸던 [　][　]는 [　][　][　]과 [　][　][　]

등 자랑할 만한 곳이 많은 고장입니다.

천연 항균 물질, 피톤치드

과학
/ 환경과
우리의 삶

숲의 아침을 느껴 본 적이 있나요? 아무리 더운 여름에도 나무 숲 그늘에 들어서면 서늘함을 느낄 수 있지요. 소나무 사이로 불어오는 향긋한 냄새를 마시면 기분이 상쾌해집니다. 숲에서 느끼는 이 향긋함은 피톤치드 때문이랍니다.

피톤치드는 식물이 해충과 곰팡이 따위로부터 스스로를 보호하기 위해 만들어 내는 항균 물질을 말합니다. 특히 소나무, 잣나무, 편백나무 등 침엽수가 피톤치드를 많이 뿜어 냅니다. 그리고 소나무 숲이 편백나무 숲보다 더 많은 피톤치드가 나온다고 합니다.

피톤치드는 안전한 천연 항균 물질로 여러 가지 효과가 있습니다. 피톤치드는 몸과 마음을 안정시킵니다. 피톤치드를 흡수하면 스트레스가 해소되어 몸과 마음이 편안해집니다. 또, 피톤치드는 면역력을 강화하여 자연적으로 몸이 낫도록 도와주고, 깊은 잠을 잘 수 있게 합니다. 이뿐만 아니라, 집 먼지 진드기가 늘어나는 것을 막아서 아토피 피부염 같은 질병에도 효과가 있는 것으로 알려져 있습니다.

우리나라는 국토의 64퍼센트가 산으로 이루어져 있습니다. 숲을 찾아가 삼림욕을 하기에 좋은 조건이지요. 피톤치드는 6월에서 8월 사이 기온이 가장 높을 때와 해가 뜨는 아침 6시쯤에 가장 많이 나온다고 합니다. 지금 바로 가까운 숲을 찾아가 피톤치드의 효과를 직접 느껴 보는 것이 어떨까요?

어휘 뜻
● **항균** 균에 저항함.
● **침엽수** 잎이 바늘 같이 생긴 나무를 통틀어 이르는 말.
● **천연** 사람의 힘을 가하지 아니한 상태.
● **강화(强** 강할 강, **化** 될 화**)** 세력이나 힘을 더 강하고 튼튼하게 함.
● **아토피 피부염** 어린아이의 팔꿈치나 오금의 피부가 두꺼워지면서 까칠까칠해지고 몹시 가려운 증상을 나타내는 피부의 염증.
● **삼림욕** 병 치료나 건강을 위하여 숲에서 산책하거나 온몸을 드러내고 숲 기운을 쐬는 일.

어휘 퀴즈 다음 뜻을 지닌 낱말을 찾아 ✓표 하세요.

❶ 어려운 일이나 문제가 되는 상태를 해결하여 없애 버림.

☐ 해방   ☐ 효능   ☐ 해소

❷ 외부에서 들어온 병의 원인이 되는 균에 저항하는 힘.

☐ 면역력   ☐ 체력   ☐ 견제력

1 이 글을 바르게 이해한 사람은 누구인가요? (   )

① 승연: 피톤치드는 사람이 만들어 낸 물질이야.

② 소율: 피톤치드는 해 질 무렵에 가장 많이 나와.

③ 주현: 피톤치드는 기온이 낮을 때 가장 많이 나온대.

④ 세영: 피톤치드가 가장 많이 나오는 나무는 편백나무야.

⑤ 태우: 피톤치드는 식물이 만들어 내는 천연 항균 물질이야.

2 다음 빈칸에 들어갈 알맞은 말을 이 글에서 찾아 쓰세요.

피톤치드는 소나무, 잣나무, 편백나무 등 [   ]이/가 많이 뿜어 낸다.

(   )

3 피톤치드의 효과로 알맞은 것을 두 가지 고르세요. (,   )

① 면역력을 떨어뜨린다.

② 모든 병을 치료해 준다.

③ 몸과 마음을 안정시킨다.

④ 한 번 잠이 들면 깨지 않게 한다.

⑤ 집 먼지 진드기가 늘어나는 것을 막는다.

30초 요약

4 다음 빈칸에 알맞은 말을 넣어 "천연 항균 물질, 피톤치드"의 핵심 내용을 한 문장으로 요약하세요.

식물이 스스로를 보호하기 위해 만들어 내는 □□ 물질인 □□ □□는 몸과 마음을 안정시키고 □□□을 강화하여 자연적으로 몸이 낫도록 도와줍니다.

플라스틱 이제 그만!

　편리하다는 이유로 무심코 쓰고 버린 플라스틱. 썩지도 않고 재활용도 되지 않는 플라스틱 쓰레기가 바다 위를 떠다니고 있어 문제입니다. 플라스틱을 그냥 두면 없어지는 데에 무려 500년이 넘는 시간이 걸린다고 합니다. 플라스틱 쓰레기를 줄일 수 있는 방법은 없을까요?

　첫 번째, 효과적인 플라스틱 재활용 방법을 마련해야 합니다. 왜냐하면 현재 플라스틱 쓰레기가 재활용되는 양은 전체 쓰레기 양의 10분의 1밖에 안 되기 때문입니다. 플라스틱의 색이나 재질을 같게 하여 재활용 비율을 높여야 합니다.

　두 번째, 일회용 플라스틱 제품의 사용을 줄여야 합니다. 전 세계적으로 해마다 일회용 플라스틱 사용량이 빠르게 늘고 있습니다. 개인은 일회용 플라스틱 제품 대신에 여러 번 쓸 수 있는 제품을 사용하도록 노력하고, 기업에서도 일회용 플라스틱 제품의 사용을 지양해야 할 것입니다.

　세 번째, 플라스틱을 대신할 새로운 소재를 개발해야 합니다. 과학 기술의 발달로 플라스틱을 대신할 신소재를 만드는 일도 이제 그리 어려운 일이 아닙니다. 실제로 한 장난감 회사에서 플라스틱 대신에 사탕수수를 원료로 한 블록 장난감을 출시할 예정이라고 합니다.

　우리 모두 함께 플라스틱 쓰레기 줄이기를 실천하여 지구의 생명과 환경을 보호해야 할 것입니다.

어휘 뜻
- **무심코** 아무런 뜻이나 생각이 없이.
- **재질** 재료가 가지는 성질.
- **신소재** 종래의 재료에는 없는 뛰어난 특성을 지닌 소재를 통틀어 이르는 말.
- **사탕수수** 볏과의 여러해 살이 풀로. 줄기에서 짠 즙으로 설탕을 만듦.

어휘 퀴즈 다음 뜻을 지닌 낱말을 찾아 ✔표 하세요.

❶ 더 높은 단계로 오르기 위하여 어떠한 것을 하지 아니해야.

☐ 지향해야　　　☐ 지양해야　　　☐ 지속해야

❷ 상품을 시중에 내보냄.

☐ 출시　　　☐ 수출　　　☐ 반출

5 이 글에서 중심이 되는 낱말을 찾아 ○표 하세요.

바다   장난감   플라스틱   사탕수수

6 이 글을 읽고 알 수 있는 점이 <u>아닌</u> 것은 무엇인가요? (   )

① 플라스틱 쓰레기가 재활용되는 비율은 매우 낮다.
② 플라스틱을 대신할 신소재는 결코 만들어질 수 없다.
③ 플라스틱 쓰레기가 바다 위를 떠다니고 있어 문제이다.
④ 전 세계적으로 일회용 플라스틱 사용량이 빠르게 늘고 있다.
⑤ 플라스틱을 그냥 두면 없어지는 데에 500년이 넘는 시간이 걸린다.

7 글쓴이가 말한 플라스틱 쓰레기를 줄일 수 있는 방법으로 알맞은 것을 모두 고르세요. (,   ,   )

① 플라스틱을 더 많이 만들어야 한다.
② 플라스틱 쓰레기를 바다에 버려야 한다.
③ 일회용 플라스틱 제품의 사용을 줄여야 한다.
④ 플라스틱을 대신할 새로운 소재를 개발해야 한다.
⑤ 효과적인 플라스틱 재활용 방법을 마련해야 한다.

30초 요약

8 다음 빈칸에 알맞은 말을 넣어 "플라스틱 이제 그만!"의 핵심 내용을 한 문장으로 요약하세요.

우리 모두 함께 ☐☐☐☐ 쓰레기 줄이기를 실천하여 지구의 ☐

☐과 ☐☐을 보호합시다.

두 형제와 황금

레프 니콜라예비치 톨스토이

지문 분석 강의

이오안을 보러 가던 아파나시가 처음 금화를 발견했던 곳까지 왔을 때였습니다. 아파나시는 이오안의 행동이 궁금해졌습니다.

'이오안은 그때 왜 금화를 보고 도망쳤을까? 이오안이 잘못 생각했어. 금화를 가져온 내 행동이 옳아. 그 금화로 많은 사람을 도울 수 있었으니까 말이야.'

아파나시가 자신의 행동에 대해 만족스러워하고 있을 때였습니다. 늘 두 형제를 축복해 주던 천사가 아파나시 앞에 나타나 화난 표정으로 말했습니다.

"돌아가거라. 너는 네 동생과 함께 살 자격이 없다. 네 동생이 금화를 보자마자 뛰어 달아난 행동이 네가 금화로 사람들을 도운 행동보다 훨씬 값지다."

아파나시는 이해가 가지 않아 천사를 바라보기만 했습니다.

"그 금화는 악마가 너를 유혹하기 위해 놓아둔 것이었다. 이오안은 악마의 유혹을 이겨 냈지만, 너는 그렇지 못했다."

그 말을 들은 아파나시는 울음을 터뜨렸습니다.

"흑흑, 잘못했습니다. 불쌍한 사람들을 돕는 것은 황금이 아니라 오직 땀이라는 것을 알지 못했습니다."

아파나시는 진심으로 뉘우쳤습니다. 천사는 그제야 비켜서며 이오안에게 가는 길을 터 주었습니다. 형제는 서로 부둥켜안았습니다. 그리고 예전처럼 착한 일을 하며 가난하지만 행복하게 살았습니다.

작품의 전체 줄거리

마을의 소외된 사람들을 돌보며 사는 두 형제 아파나시와 이오안에게 하나님은 천사를 보내 축복해 줌.

어느 날, 금화를 발견한 동생은 황급히 산으로 도망쳤지만 형은 좋은 일에 쓰기 위해 금화를 가지고 옴.

형은 세 채의 집을 지어 소외된 사람들에게 한 채씩 준 뒤에 남은 황금을 맡기고 집을 향해 떠남.

수록지문 형은 동생보다 자신의 행동이 옳다고 생각했지만 천사의 이야기를 듣고서 자신의 잘못을 깨달음.

- **금화**(金 쇠 금. 貨 재물 화) 금으로 만든 돈.

- **값지다** 큰 보람이나 의의 따위가 있다.

- **이해** 깨달아 앎. 또는 잘 알아서 받아들임.

- **진심**(眞 참 진. 心 마음 심) 거짓이 없는 참된 마음.

어휘 퀴즈 다음 뜻을 지닌 낱말을 찾아 ✓표 하세요.

1 일정한 일을 하는 데 필요한 조건이나 능력.

☐ 자신   ☐ 사격   ☐ 자격

2 꾀어서 정신을 혼미하게 하거나 좋지 아니한 길로 이끎.

☐ 유혹   ☐ 교화   ☐ 선도

1 이 글의 내용으로 알맞은 것은 무엇인가요? (　　　)

① 이오안은 부자가 되었다.

② 천사는 이오안의 행동이 값지다고 했다.

③ 천사는 아파나시의 행동이 값지다고 했다.

④ 천사는 이오안의 이기적인 행동을 꾸짖었다.

⑤ 아파나시는 천사에게 동생보다 자신이 더 옳다고 주장했다.

2 등장인물과 그 인물이 한 일을 선으로 이으세요.

(1) 아파나시 •

(2) 이오안 •

• ㉮ 금화를 보고 뛰어 달아남.

• ㉯ 금화를 가져와 사람들을 도움.

3 등장인물의 성격을 바르게 말한 친구는 누구인가요? (　　　)

① 은희: 천사는 용서를 모르는 냉정한 성격이군.

② 영훈: 천사는 이랬다저랬다 하는 변덕스러운 성격이야.

③ 규영: 이오안은 금화가 뭔지도 모르는 어리석은 성격이지.

④ 현우: 아파나시는 남의 말을 듣지 않는 고집 센 성격인 듯해.

⑤ 혜미: 아파나시는 자기의 잘못을 인정할 줄 아는 성격인 것 같아.

30초 요약

4 다음 빈칸에 알맞은 말을 넣어 "두 형제와 황금"의 핵심 내용을 한 문장으로 요약하세요.

　□□□□ 는 불쌍한 사람들을 돕는 것은 □□ 이 아니라 오직 □ 이라는 것을 깨달았습니다.

마지막 잎새

오 헨리

"수, 아직도 마지막 잎이 떨어지지 않았어. 밤새 비바람이 몰아쳤는데 말이야. 저 잎이 떨어지면 나도 죽을 거라고 생각했는데……."

존시는 의연하게 매달린 담쟁이 잎을 한동안 넋 나간 사람처럼 바라봤습니다.

"수, 저 마지막 잎새는 나의 잘못을 알려 주기라도 하려는 듯 단단하게 매달려 있어. 맞아, 죽기를 바라는 것은 아주 나쁜 일이야. 수, 나에게 수프를 좀 주겠 니? 이제 살아갈 자신감이 생겼어!"

수는 존시를 위해 정성껏 수프를 끓여 주었습니다. 존시는 수프 한 그릇을 깨 끗이 비우고 생기를 찾았습니다. 이제 위험한 고비는 다 넘긴 것 같았습니다.

다음 날, 존시는 편안한 얼굴로 침대에 앉아 뜨개질을 하고 있었습니다. 수는 눈물을 글썽이며 가만히 다가가 존시를 꼭 껴안았습니다.

"존시, 오늘 베어먼 할아버지가 폐렴으로 돌아가셨대. 겨우 이틀을 앓았는데 말이야. 병에 걸린 날 아침, 집 관리인이 방에 가 보니까 할아버지의 구두와 옷이 흠뻑 젖어 있고 몸은 얼음장처럼 차가웠대. 비바람이 몰아치던 날 밤에 할아버지가 어딜 나갔다 왔는지 아무도 모른다는 거야. 그런 데 할아버지 옆에 불이 켜진 손전등과 흙 묻은 사다리가 있었대. 두세 자루의 붓과 녹색과 노란색 그림물감이 풀어진 팔레트도 흩어 져 있었대. 나는 그때야 깨달았어. 존시, 저 담벼락에 붙어 있는 마지 막 잎새 말이야. 바람이 부는데도 흔들리지 않는 게 이상하지 않니?"

작품의 전체 줄거리

수와 존시가 살고 있는 그 리니치 마을에 사람의 목숨 을 빼앗는 폐렴이 돌아 사 람들은 두려움에 떪.	폐렴에 걸려 죽음을 기다리 던 존시는 창밖의 담쟁이덩 굴 잎이 다 떨어지면 자신 도 죽게 될 거라고 말함.	수는 화가 베어먼 할아버지 에게 존시 이야기를 들려주 고 그날 밤 잎이 모두 떨어 질 것을 걱정함.	**수록지문** 다음 날 잎 하나가 남은 걸 본 존시는 생기를 찾 았지만 할아버지는 밤새 잎 을 그리다 폐렴에 걸려 죽음.

어휘 뜻

- **넋** 정신이나 마음.
- **생기**(生 날 생, 氣 기운 기) 싱싱하고 힘찬 기 운.
- **폐렴** 폐에 생기는 염 증.
- **팔레트** 수채화나 유화 를 그릴 때에, 그림물감 을 짜내어 섞기 위한 판.

어휘 퀴즈 다음 뜻을 지닌 낱말을 찾아 ✔표 하세요.

1 의지가 굳세어서 끄떡없게.

☐ 태연하게 ☐ 의연하게 ☐ 의아하게

2 일이 되어 가는 과정에서 가장 중요한 단계.

☐ 고비 ☐ 너비 ☐ 고심

5 존시에게 살아갈 자신감을 준 것은 무엇인가요? (   )

① 수가 끓여 준 수프

② 밤새 몰아친 비바람

③ 의사 선생님의 위로

④ 담벼락에 붙어 있는 마지막 잎새

⑤ 베어먼 할아버지의 흙 묻은 사다리

6 등장인물에 대한 설명으로 알맞은 것을 찾아 선으로 이으세요.

(1) 존시 •

(2) 수 •

⑦ 아픈 친구를 정성껏 돌보며 회복을 도와줌.

⑭ 모든 것을 포기했다가 자신의 나약함을 깨닫고 자신감을 회복함.

7 이 글에서 베어먼 할아버지가 하였을 일을 짐작하여 빈칸에 들어갈 알맞은 말을 쓰세요.

비바람이 몰아치던 날, 베어먼 할아버지는 사다리를 타고 담벼락에 올라가 ☐☐☐☐☐☐☐ 을/를 그리셨을 것이다.

(   )

30초 **요약**

8 다음 빈칸에 알맞은 말을 넣어 "마지막 잎새"의 핵심 내용을 한 문장으로 요약하세요.

☐☐ 는 ☐☐☐ 잎이 떨어지면 자신도 죽을 것이라 생각했지만 ☐☐☐ 할아버지가 비바람 속에 그린 담쟁이 잎을 보고 삶의 의지를 되찾았습니다.

예술
/ 한국 전통 미술

자연을 그린 수묵화

1 우리의 옛 그림을 본 적이 있나요? 그중에는 여러 색깔을 쓰지 않고 검은 먹물로만 그린 그림이 많지요. 이런 그림을 수묵화라고 합니다. 수묵화는 주로 선비들이 인격을 완성하고 마음을 수양하기 위해 그렸답니다.

2 수묵화는 물을 이용해 먹의 짙고 엷음의 정도를 조절하여 그립니다. 먹색의 진하기에 따라 농묵, 중묵, 담묵으로 나뉩니다. 농묵은 진한 먹빛, 중묵은 중간 정도의 먹빛, 담묵은 연한 먹빛을 말하지요.

3 수묵화의 대상은 자연입니다. 수묵화에서는 매화 · 난초 · 국화 · 대나무를 주로 그리는데, 이는 고결함을 나타냅니다. 또한 수묵화는 대상을 있는 그대로 그리지 않고 그림을 그리는 사람의 마음속을 드러내고자 합니다.

4 수묵화의 가장 큰 특징은 '여백의 미'입니다. 화면을 가득 채우지 않고 빈 공간을 많이 남겨 두지요. 수묵화의 하얗게 빈 공간을 여백이라고 하는데, 이 여백은 해방감과 여유를 나타냅니다. 보는 사람들이 마음껏 상상할 수 있도록 남겨 둔 공간이지요.

5 한국 전통 미술인 수묵화에 대한 관심이 점점 높아지고 있습니다. 박물관이나 도서관 등에서 수묵화를 체험할 수 있는 기회도 많아지고 있지요. 이번 기회에 수묵화 체험을 해 보며 우리 전통 문화의 향기를 느껴 보는 것은 어떨까요?

어휘 뜻

● **선비** 학식이 있고 행동과 예절이 바르며 의리와 원칙을 지키고 관직과 재물을 탐내지 않는 고결한 인품을 지닌 사람을 이르는 말.

● **인격** 사람으로서의 품격.

● **수양** 몸과 마음을 갈고 닦아 품성이나 지식, 도덕 따위를 높은 경지로 끌어올림.

● **매화** 매실나무의 꽃.

● **여백** 종이 따위에, 글씨를 쓰거나 그림을 그리고 남은 빈 자리.

 어휘 퀴즈 다음 뜻을 지닌 낱말을 찾아 ✔표 하세요.

1 성품이 고상하고 순결함.

☐ 고결함   ☐ 청결함   ☐ 고요함

2 구속이나 억압, 부담 따위에서 벗어난 느낌.

☐ 긴장감   ☐ 해방감   ☐ 구속감

1 선비들이 수묵화를 그린 까닭은 무엇인가요? (　　　　)

① 시험에 합격하기 위해서

② 그림을 팔아서 돈을 벌기 위해서

③ 자신의 실력을 널리 뽐내기 위해서

④ 다른 사람들에게 멋있어 보이기 위해서

⑤ 인격을 완성하고 마음을 수양하기 위해서

2 다음에서 설명하는 것은 무엇인지 이 글에서 찾아 두 글자로 쓰세요.

> • 해방감과 여유를 나타낸다.
> • 수묵화의 하얗게 빈 공간을 말한다.
> • 보는 사람들이 마음껏 상상할 수 있도록 남겨 둔 공간이다.

(　　　　　　　　)

3 각 문단의 중심 내용을 알맞게 정리한 것은 무엇인가요? (　　　　)

① 문단 **1**: 수묵화의 대표적인 소재는 선비의 얼굴이다.

② 문단 **2**: 수묵화는 먹의 짙고 엷음의 정도를 조절하여 그린다.

③ 문단 **3**: 수묵화는 대상을 있는 그대로 그린다.

④ 문단 **4**: 수묵화는 화면을 가득 채워서 그린다.

⑤ 문단 **5**: 수묵화를 보면 전통과 현대 문화의 조화를 느낄 수 있다.

30초 요약

4 다음 빈칸에 알맞은 말을 넣어 "자연을 그린 수묵화"의 핵심 내용을 한 문장으로 요약하세요.

□□□는 □□들이 인격을 완성하고 마음을 수양하기 위해 그렸으며, '□□의 미'가 가장 큰 특징입니다.

예술
/ 한국 전통 미술

월매도를 아시나요?

1 매화는 가장 먼저 봄소식을 알려 주는 꽃입니다. 언 땅 위에 가장 먼저 나와 꽃망울을 터뜨립니다. 매화는 이러한 특성 때문에 지조와 절개의 상징이 되었습니다. 그래서 선비들은 매화를 심고 가꾸기를 좋아했고, 시나 그림의 소재로 삼기도 했습니다.

2 조선 시대의 화가인 어몽룡은 매화 그림으로 이름을 떨친 사람입니다. 어몽룡의 '월매도'는 오만 원짜리 지폐 뒷면에도 실려 있습니다. '월매도'는 원래 비단 위에 그린 그림입니다. 이 그림에서 매화나무 가지들은 하늘을 향해 위로 곧게 솟아 있습니다. 그중 맨 윗가지 옆으로 둥근달이 떠 있습니다. 나머지 윗부분은 여백으로 남겼습니다.

▲ 오만 원권 지폐 뒷면의 '월매도'

3 '월매도'는 대체로 진하지 않은 먹에 굵고 가는 붓을 사용해 그렸습니다. 또, 부러진 굵은 가지는 테두리 없이 가운데를 하얗게 남겨 두었습니다. 테두리 없이 그려진 꽃 역시 가지에 짙은 점을 찍어 단순하게 나타냈습니다.

4 '월매도'의 곧고 뾰족하게 솟은 가지는 선비의 지조와 절개를 강하게 드러내고 있습니다. 따라서 월매도는 조선 시대의 그 어떤 작품보다도 선비 정신이 강하게 표현된 최고의 작품이라고 할 수 있습니다.

어휘 뜻
● **지조** 원칙과 신념을 굽히지 아니하고 끝까지 지켜 나가는 꿋꿋한 의지. 또는 그런 기개.

● **상징** 실지로 눈에 보이지 않는 내용을, 그것을 연상시키는 구체적인 사물이나 감각적인 말로 바꾸어 나타내는 일.

어휘 퀴즈 다음 뜻을 지닌 낱말을 찾아 ✔표 하세요.

1 신념, 신의 따위를 굽히지 아니하고 굳게 지키는 꿋꿋한 태도.

☐절약　　　　☐변절　　　　☐절개

2 복잡하지 않고 간단하게.

☐단순하게　　　☐단단하게　　　☐단호하게

1 이와 같은 글의 특징으로 알맞은 것은 무엇인가요? (   )

① 무대에서 공연을 하기 위해 쓴 글

② 생각이나 느낌을 리듬감 있는 언어로 짧게 표현한 글

③ 어떤 문제에 대한 자신의 주장을 내세워 읽는 이를 설득하는 글

④ 어떤 지식이나 정보를 읽는 이에게 전달하고 이해시키기 위한 글

⑤ 알릴 만한 가치가 있는 사건을 신속하고 정확하게 전달하기 위해 쓴 글

2 이 글에서 지난밤에 있었던 일로 알맞은 것의 기호를 쓰세요.

> ㉮ 말하는 이와 동생이 부모님을 만났다.
> ㉯ 말하는 이의 동생이 요에 오줌을 쌌다.
> ㉰ 말하는 이가 동생에게 지도 보는 법을 가르쳤다.
> ㉱ 말하는 이의 동생이 빨랫줄에 지도를 걸어 놓았다.

(   )

3 말하는 이는 ㉠을 보고 무엇을 떠올렸는지 알맞은 것을 두 가지 고르세요.

(,   )

① 우리나라 지도

② 친구들과 함께 그린 지도

③ 엄마가 계신 별나라의 지도

④ 자신이 물감으로 그린 지도

⑤ 아빠가 계신 만주 땅의 지도

30초 요약

4 다음 빈칸에 알맞은 말을 넣어 "오줌싸개 지도"의 핵심 내용을 한 문장으로 요약하세요.

말하는 이는 빨랫줄에 걸린 요를 바라보다가 돌아가신 □□와 돈을 벌러 □□에 가신 □□를 그리워하고 있습니다.

엄마야 누나야

김소월

엄마야 누나야, 강변 살자.
뜰에는 반짝이는 금모래 빛,
뒷문 밖에는 갈잎의 노래,
엄마야 누나야, 강변 살자.

어휘 뜻

• **금모래** 금빛으로 빛나
는 고운 모래.

• **갈잎** '가랑잎(활엽수의
마른 잎)'의 준말.

어휘 퀴즈 다음 뜻을 지닌 낱말을 찾아 ✔표 하세요.

❶ 강의 가장자리에 잇닿아 있는 땅.

☐ 해변 ☐ 강둑 ☐ 강변

❷ 집 안의 앞뒤나 좌우로 가까이 딸려 있는 빈터.

☐ 들 ☐ 뜰 ☐ 벌

5 이 시의 말하는 이는 누구인가요? (　　　)

① 강변　　　　　　② 누나　　　　　　③ 엄마
④ 갈잎　　　　　　⑤ 남자아이

6 다음 설명을 보고, 이 시에 쓰인 감각적 표현을 알맞게 설명한 것은 무엇인가요?

　　　　　　　　　　　　　　　　　　　　　　　　　　　　(　　　)

> 감각적 표현: 사물의 느낌을 보거나 듣거나 만지는 것처럼 생생하게 나타낸 표현

① '뒷문 밖'은 귀로 듣는 듯이 나타낸 표현이다.
② '갈잎의 노래'는 손으로 만지듯이 나타낸 표현이다.
③ '강변 살자'는 입으로 맛을 느끼듯이 나타낸 표현이다.
④ '엄마야, 누나야'는 코로 냄새를 맡듯이 나타낸 표현이다.
⑤ '반짝이는 금모래 빛'은 눈으로 보는 듯이 나타낸 표현이다.

7 이 시를 바르게 이해한 친구는 누구인지 두 가지를 고르세요. (　　,　　)

① 지혜: 복잡한 형식으로 짜여 있어서 리듬감이 전혀 느껴지지 않아.
② 태민: 말하는 이는 시골을 벗어나 도시에서 살고 싶어 하는 것 같아.
③ 재희: 앞뒤에 '엄마야 누나야, 강변 살자.'가 반복되어 리듬감이 느껴져.
④ 준혁: 떨어져 살고 있는 아빠를 그리워하는 말하는 이의 마음이 잘 느껴져.
⑤ 소영: '강변'은 가족과 함께 살고 싶은 아름답고 평화로운 공간을 뜻하는 것 같아.

🕐30초 요약

8 다음 빈칸에 알맞은 말을 넣어 "엄마야 누나야"의 핵심 내용을 한 문장으로 요약하세요.

말하는 이는 ☐☐ 와 ☐☐ 에게 아름답고 평화로운 공간인 ☐ 에 살자고 이야기하고 있습니다.

1 다음 글을 읽고, (   )에 공통으로 들어갈 낱말을 완성하세요.

(1)

① 아직도 세계 곳곳에서는 (   )을 위협하는 전쟁이 일어나고 있다.

(뜻) 바뀌어 달라지지 아니하고 일정한 상태를 유지함.

② 이 환자는 절대적인 (   )이 필요하다.

(뜻) 병을 치료하기 위하여 몸과 마음을 편안하고 고요하게 함.

아 ㅈ

(2)

① 동생은 그 문제에 대해 (   )를 못 했다.

(뜻) 깨달아 앎. 또는 잘 알아서 받아들임.

② 우리는 서로 간의 (   )를 떠나 단결해야 합니다.

(뜻) 이익과 손해를 아울러 이르는 말.

ㅇ ㅎ

(3)

① (   )를 보고 길을 찾다.

(뜻) 지구 표면의 상태를 일정한 비율로 줄여, 이를 약속된 기호로 평면에 나타낸 그림.

② 선생님의 많은 (   )를 부탁드립니다.

(뜻) 어떤 목적이나 방향으로 남을 가르쳐 이끎.

ㅈ ㄷ

2 다음 문장을 잘 읽어 보고, 두 개 중 맞춤법에 맞는 낱말을 찾아 ○표 하세요.

(1) 산에 오르니 아름다운 〔 푼경 / 풍경 〕이 펼쳐졌다.

(2) 조선의 임금인 태종은 왕권 〔 강하 / 강화 〕를 위해 노력했다.

(3) 모처럼 얻은 휴가를 〔 값지게 / 갑지게 〕 보냈다.

(4) 예지는 아름다운 꽃에 〔 넉 / 넋 〕이 팔려 있다.

(5) 정신 〔 수양 / 수향 〕을 통해 몸과 마음을 튼튼히 해야 한다.

(6) 언니가 〔 빨래줄 / 빨랫줄 〕에 옷을 널었다.

1주
·
5일

3 다음 그림과 설명을 보고, 밑줄 친 곳에 들어갈 낱말을 •보기•에서 찾아 써넣으세요.

•보기•

효능 　 해충 　 재질 　 지폐 　 여백 　 선착장

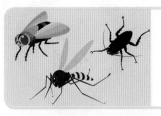

(1) 파리나 모기, 바퀴벌레 등은 _____이다.

(2) 우리는 배를 타기 위해 _____을/를 향해 걸어갔다.

(3) 종이에 인쇄를 하여 만든 화폐를 _____(이)라고 한다.

4 다음 밑줄 친 낱말의 반대말을 완성하세요.

(1)
아기 옷을 빨 때에는 <u>천연</u> 세제를 넣는 것이 좋다.

아파트 앞에 있는 ㅇ ㄱ 폭포에서 물이 떨어져 내리고 있다.

(2)
내 친구는 그 어떤 <u>값진</u> 보물과도 바꿀 수 없다.

그에게 사람들의 ㄱ ㅆ 동정은 필요하지 않다.

(3)
이기적인 마음은 <u>지양</u>하고 다른 사람을 사랑하고 배려하는 마음을 갖자.

평화를 ㅈ ㅎ 하고 안정을 되찾으면 좋겠다.

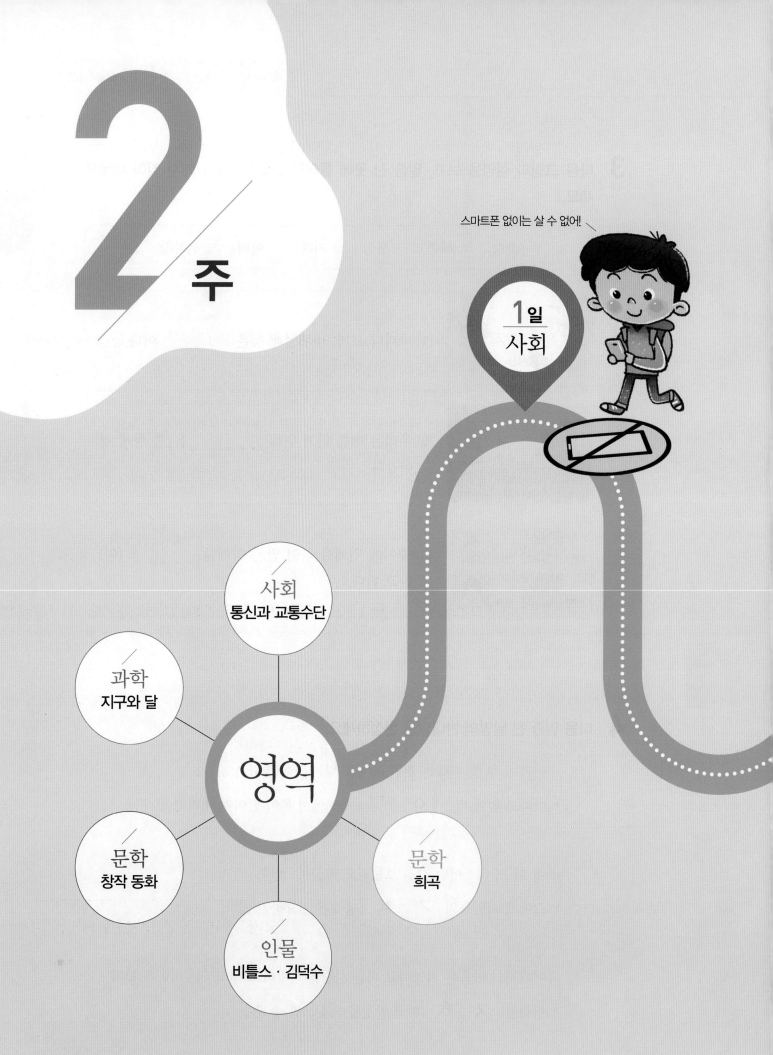

2주

스마트폰 없이는 살 수 없어!

1일
사회

사회
통신과 교통수단

과학
지구와 달

영역

문학
창작 동화

문학
희곡

인물
비틀스 · 김덕수

지문 분석 강의

사회
／통신과 교통수단

안전을 위협하는 스몸비

오늘날의 사람들은 스마트폰이 등장하면서 휴대 전화 하나로 많은 일을 할 수 있습니다. 전화를 하거나 문자 메시지를 주고받는 것은 물론 정보 검색, 게임, 동영상 감상 등의 다양한 일을 할 수 있게 된 것입니다. 그러나 이처럼 사람들에게 편리함을 안겨 준 스마트폰을 지나치게 사용하면서 심각한 사회 문제가 일어나고 있습니다.

여러분은 '스몸비'란 말을 들어 본 적이 있나요? '스몸비'는 스마트폰(smart phone)과 반쯤 죽은 것 같이 기운 없는 사람을 비유적으로 일컫는 말인 좀비(zombie)를 합해서 만든 말로, 스마트폰을 보느라 고개를 숙이고 좀비처럼 길을 걷는 사람을 뜻하지요. 스몸비는 스마트폰 사용에만 몰입하여 주변을 잘 인식하지 못합니다.

한 통계에 따르면 2014년부터 2016년까지 우리나라에서 일어난 보행 중 교통사고의 62퍼센트가 스마트폰 사용과 관련이 있다고 합니다. 사람들이 스마트폰을 보며 길을 걷다가 자동차와 부딪쳐 사고가 일어나는 것이지요.

스몸비 교통사고를 막기 위해서는 스마트폰 사용자들이 스마트폰만 보며 걷다가는 큰 사고가 일어날 수 있다는 위험성을 깨닫는 것이 가장 중요합니다. 또한, 어린이의 경우 가정이나 학교에서 스마트폰의 올바른 사용에 대한 지속적인 교육이 이루어져야 하겠습니다. 그리고 길을 걸을 때 스마트폰 사용을 금지하는 법도 마련되어야 할 것입니다.

어휘 뜻
- **심각한** 상태나 정도가 매우 깊고 중대한. 또는 절박함이 있는.
- **인식하지** 사물을 분별하고 판단하여 알지.
- **보행**(步 걸음 보, 行 다닐 행) 걸어 다님.
- **지속적** 어떤 상태가 오래 계속되는. 또는 그런 것.

어휘 퀴즈 다음 뜻을 지닌 낱말을 찾아 ✔표 하세요.

❶ 깊이 파고들거나 빠짐.
☐ 몰수 ☐ 몰입 ☐ 반입

❷ 법이나 규칙이나 명령 따위로 어떤 행위를 하지 못하도록 함.
☐ 금리 ☐ 금고 ☐ 금지

1 이 글로 보아 스마트폰으로 할 수 있는 일이 <u>아닌</u> 것은 무엇인가요? (   )

① 동영상을 감상한다.

② 문자 메시지를 주고받는다.

③ 전화를 걸어 안부를 묻는다.

④ 인터넷으로 정보를 검색한다.

⑤ 많은 물건을 빠르게 실어 나른다.

2 이 글의 내용을 바르게 설명해 준 친구의 이름을 모두 쓰세요.

> 도영: '스몸비'는 정보를 빠르게 검색하는 사람을 뜻해.
> 희수: 길을 걸으며 스마트폰을 사용하면 매우 위험하대.
> 강혁: 스마트폰은 교통사고로부터 어린이를 보호해 준대.
> 송이: 스마트폰을 보며 걷다가 자동차와 부딪치는 사고가 많이 일어난대.

(   ), (   )

3 이 글의 글쓴이가 말하고자 하는 내용은 무엇인가요? (   )

① 다양한 통신 수단을 이용하자.

② 스마트폰으로 다양한 일을 하자.

③ 새로 생긴 말을 많이 알아 두자.

④ 교통사고를 막기 위해 안전하게 운전하자.

⑤ 길을 걸을 때에는 스마트폰을 사용하지 말자.

🕐30초 요약

4 다음 빈칸에 알맞은 말을 넣어 "안전을 위협하는 스몸비"의 핵심 내용을 한 문장으로 요약하세요.

보행 시 ☐☐☐☐ 사용의 ☐☐☐을 깨닫고, 스마트폰의 올바른 사용에 대한 지속적인 ☐☐과 대책이 필요합니다.

교통수단의 발달

옛날 사람들은 육지에서 이동할 때에 말이나 가마를 탔습니다. 물건을 옮길 때에는 소달구지나 당나귀를 이용했습니다. 그리고 바다나 강에서는 뗏목이나 돛단배를 이용했습니다. 옛날의 교통수단은 시간이 오래 걸리고 사람의 힘이 많이 들어 이용하기 어려운 점이 많았습니다.

오늘날 과학 기술이 발달하면서 사람들은 먼 곳까지 더 빠르고 편하게 갈 수 있는 여러 가지 교통수단을 만들어 냈습니다. 버스, 트럭, 기차, 비행기 등이 그 예입니다. 교통수단의 종류는 점점 더 다양해지고 있고, 기계의 힘을 빌려 더 많은 사람과 물건을 한 번에 빠르게 실어 나르는 쪽으로 발전하고 있습니다.

특히 2004년에 개통된 한국고속철도(KTX)는 한국의 교통 체계를 혁명적으로 바꾸었습니다. 1900년대 초까지만 해도 서울에서 부산까지 기차로 17시간이 넘게 걸렸습니다. 그런데 KTX의 개통으로 요즘은 서울에서 부산까지 2시간 30분이면 가게 되었습니다. 속도의 혁명이라고 표현할 수 있을 정도입니다. 또한 KTX는 한 번에 무려 900여 명을 실어 옮길 수 있습니다.

이처럼 [㉠   ]. 그렇다면 미래의 교통수단은 어떤 모습일까요? 전기 자동차나 자율 주행 자동차는 이미 개발되고 있다고 하니, 하늘을 나는 자동차나 바닷속을 달리는 기차가 생길 날도 그리 멀지 않을 것입니다. 더 먼 곳까지, 더 빠르고, 안전하게 갈 수 있는 미래의 교통수단은 이제 여러분의 마음과 손에 달려 있습니다.

어휘 뜻

- **가마** 예전에, 한 사람이 안에 타고 둘이나 넷이 들거나 메던, 조그만 집 모양의 탈것.

- **소달구지** 소가 끄는 수레.
- **개통된** 길, 다리, 철로, 전화, 전신 따위가 완성되거나 이어져 통하게 된.
- **주행(走** 달릴 주, **行** 다닐 행) 주로 동력으로 움직이는 자동차나 열차 따위가 달림.

어휘 퀴즈 다음 뜻을 지닌 낱말을 찾아 ✔표 하세요.

❶ 이전의 방식을 단번에 깨뜨리고 새로운 것을 급격하게 세우는 일.

☐ 동맹   ☐ 혈맹   ☐ 혁명

❷ 남의 지배나 구속을 받지 아니하고 자기 스스로의 원칙에 따라 어떤 일을 하는 일.

☐ 통제   ☐ 자율   ☐ 자제

5 옛날 교통수단의 특징으로 알맞은 것은 무엇인가요? (   )

① 바다나 강은 건널 수 없었다.

② 사람은 실어 나를 수 없었다.

③ 물건을 한 번에 하나씩만 옮길 수 있었다.

④ 시간이 오래 걸리고 사람의 힘이 많이 들었다.

⑤ 자연의 힘보다는 기계의 힘을 주로 많이 이용했다.

2주
·
1일

6 이 글에서 오늘날 교통수단의 예로 든 것에 모두 ○표 하세요.

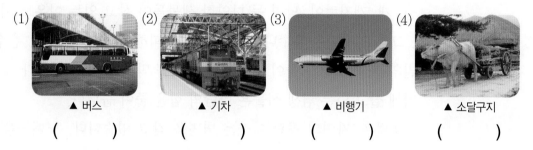

(1) ▲ 버스   (2) ▲ 기차   (3) ▲ 비행기   (4) ▲ 소달구지

(   )   (   )   (   )   (   )

7 ㉠에 들어갈 내용으로 알맞은 것은 무엇인가요? (   )

① 교통수단과 통신 수단은 함께 발달하고 있습니다.

② 하늘을 나는 자동차는 오늘날 많이 이용되고 있습니다.

③ 옛날에는 교통수단으로 자율 주행 자동차를 많이 이용했습니다.

④ 교통수단의 발달은 사람들의 생활 모습을 많이 달라지게 하였습니다.

⑤ KTX보다 비행기가 더 많은 사람과 짐을 옮길 수 있다는 장점이 있습니다.

30초 요약

8 다음 빈칸에 알맞은 말을 넣어 "교통수단의 발달"의 핵심 내용을 한 문장으로 요약하세요.

□□□□이 발달하면서 사람들은 여러 가지 □□□□을 만들어 냈고, 특히 한국고속철도는 한국의 교통 체계를 혁명적으로 바꾸었습니다.

과학
/ **지구와 달**

지문 분석 강의

갯벌은 살아 있다!

밀물 때에는 물에 잠기고, 썰물 때에는 물 밖으로 드러나는 곳! 모래 점토질의 평탄한 땅! 여러분은 이곳이 어디를 가리키는지 알고 있나요? 바로 지구의 보물, 갯벌입니다. 갯벌은 주로 경사가 급하지 않고 밀물과 썰물의 차이가 큰 해안에 오랫동안 퇴적물이 쌓여 만들어집니다.

갯벌은 우리에게 많은 것을 베풀어 주는 자연이지만, 많은 사람이 그 중요성을 제대로 알지 못합니다. 먼저 갯벌의 흙 속에는 바다 생물에게 필요한 먹이가 많이 들어 있어서 많은 생물이 갯벌에서 어린 시기를 보냅니다. 갯벌에 조개와 고둥, 게, 갯지렁이, 낙지 등 다양한 생물들이 살고 있는 이유도 이 때문입니다.

그리고 갯벌은 홍수나 태풍으로부터 피해를 줄여 줍니다. 홍수가 났을 때, 갯벌의 흙과 모래가 물이 넘쳐흐르는 것을 막아 주는 것입니다. 그리고 갯벌의 습지에 살고 있는 염생 식물은 바람의 힘을 줄여 줍니다.

갯벌은 '자연의 콩팥'이라는 별명을 갖고 있습니다. 노폐물을 걸러 주는 사람의 콩팥처럼 오염된 바다를 깨끗하게 해 주기 때문입니다. 또, 갯벌은 '지구의 허파'라 불리기도 합니다. 지구의 산소 70퍼센트 이상이 바다와 갯벌에서 만들어지기 때문입니다. 갯벌에 사는 플랑크톤이 산소를 만들어 냅니다.

지난날, 갯벌은 쓸모없는 땅으로 여겨지기도 했습니다. 그러나 최근에는 갯벌의 중요성이 널리 알려지고 있습니다. 더 늦기 전에 갯벌을 보호하기 위해 우리가 실천할 일은 무엇인지 자세히 알아봐야 하겠습니다.

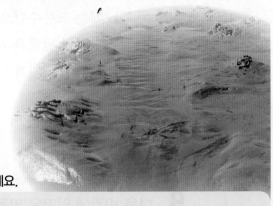

어휘 뜻

• **밀물** 일정한 시각에 밀려들어 오는 바닷물.

• **썰물** 밀려 나가는 바닷물.

• **경사** 비스듬히 기울어짐. 또는 그런 상태나 정도.

• **퇴적물** 암석의 파편이나 생물의 유해 따위가 물, 빙하, 바람, 중력 따위의 작용으로 운반되어 땅 표면에 쌓인 물질.

• **염생 식물** 염분이 많은 토양에서 자라는 식물.

어휘 퀴즈 다음 뜻을 지닌 낱말을 찾아 ✔표 하세요.

❶ 습기가 많은 축축한 땅.

☐ 습도　　　☐ 습지　　　☐ 음지

❷ 생물의 몸 안에 들어온 물질 중 필요한 것을 흡수하고 남은 찌꺼기.

☐ 부산물　　　☐ 노폐물　　　☐ 산화물

1 다음에서 설명하는 것은 무엇인가요? (　　　)

- 밀물 때 물에 잠기고, 썰물 때 물 밖으로 드러난다.
- 모래 점토질의 평탄한 땅이다.

① 빙하　　　　　② 사막　　　　　③ 호수
④ 갯벌　　　　　⑤ 바다

2 갯벌에 대한 설명으로 알맞지 <u>않은</u> 것은 무엇인가요? (　　　)

① 습지에 염생 식물이 살고 있다.
② 최근에 쓸모없는 땅으로 밝혀졌다.
③ 홍수나 태풍으로부터 피해를 줄여 준다.
④ 많은 생물이 어린 시기를 보내는 곳이다.
⑤ 흙 속에 바다 생물에게 필요한 먹이가 많이 들어 있다.

3 갯벌에 다음과 같은 별명이 붙여진 까닭을 찾아 선으로 이으세요.

(1)　자연의 콩팥　•　　　•㉮　산소를 만들어 냄.

(2)　지구의 허파　•　　　•㉯　오염된 바다를 깨끗하게 함.

30초 요약

4 다음 빈칸에 알맞은 말을 넣어 "갯벌은 살아 있다!"의 핵심 내용을 한 문장으로 요약하세요.

　'자연의 콩팥', '지구의 허파'라고도 불리는 ☐☐은 다양한 ☐☐이 사는 곳으로, 홍수나 태풍으로부터 ☐☐를 줄여 주는 역할을 합니다.

달에 생물이 살까요?

여러분은 하늘에 둥실 떠오른 달을 보고 소원을 빌어 본 적이 있나요? 크고 환한 보름달을 바라보면 어떤 소원이라도 이루어질 듯하지요. 예로부터 우리가 사는 지구의 주위를 돌고 있는 달의 표면은 어떤 모습이며, 어떤 특징이 있는지 함께 알아보아요.

먼저 달을 자세히 살펴보면 어둡게 보이는 곳과 밝게 보이는 곳이 있습니다. 달의 표면에서 어둡게 보이는 곳을 달의 '바다'라 부르고, 밝게 보이는 곳을 달의 '육지'라 부릅니다. 하지만 실제로 어둡게 보이는 곳에 물이 있는 것은 아닙니다. 이탈리아의 천문학자인 갈릴레이가 살았던 1600년대에만 하더라도 사람들은 달에서 어둡게 보이는 곳에 물이 가득 차 있을 거라고 생각했답니다. 그래서 물이 없는데도 '바다'라고 부르게 된 것이지요.

그렇다면 달 표면의 밝기가 달라 보이는 까닭은 무엇일까요? 그 까닭은 달 표면을 이루고 있는 암석이 다르기 때문이랍니다.

달은 지구 크기의 4분의 1이고, 중력은 6분의 1에 지나지 않아요. 달은 중력이 약하기 때문에 대기를 유지할 수 없습니다. 따라서 물이나 바람에 의한 침식이 없기 때문에 움푹 파인 큰 구덩이 모양의 지형이 만들어진 채 그대로 남아 있답니다. 그리고 달에는 물과 대기가 없기 때문에 일교차도 매우 심해요. 낮에는 100도가 넘게 올라가고, 밤에는 영하 100도까지 내려갑니다. 그래서 생물이 살기에 적당하지 않아 달에는 생물이 살지 않는답니다.

어휘 뜻

● **표면**(表 겉 표, 面 낯 면)
사물의 가장 바깥쪽. 또는 가장 윗부분.

● **암석** 지각을 구성하고 있는 단단한 물질.

● **중력** 질량을 가지고 있는 모든 물체가 서로 잡아당기는 힘.

● **침식** 비, 하천, 빙하, 바람 따위의 자연 현상이 지표를 깎는 일.

어휘 퀴즈 다음 뜻을 지닌 낱말을 찾아 ✔표 하세요.

1 천체의 표면을 둘러싸고 있는 기체.

☐ 대기　　　☐ 세기　　　☐ 전기

2 기온, 습도, 기압 따위가 하루 동안에 변화하는 차이.

☐ 무정차　　　☐ 급수차　　　☐ 일교차

5 달 표면에 대한 설명으로 알맞은 것은 무엇인가요? (   )

① 달의 '바다'에는 많은 물이 고여 있다.

② 달 표면을 이루고 있는 암석은 모두 같다.

③ 달의 표면은 밝은 부분과 어두운 부분으로 나뉜다.

④ 달의 표면에서 밝게 보이는 부분이 달의 '바다'이다.

⑤ 옛날 사람들은 달에서 밝게 보이는 곳에 물이 가득 차 있다고 생각했다.

6 달에 대한 다음 설명을 읽고 빈칸에 들어갈 알맞은 말을 찾아 쓰세요.

> 달의 온도는 낮에는 100도가 넘게 올라가고 밤에는 영하 100도까지 내려간다. 그래서 달에서는 [   ]이/가 살 수 없다.

(   )

7 이 글의 내용을 <u>잘못</u> 이해한 친구는 누구인가요? (   )

① 승연: 달의 온도를 보니 일교차가 매우 크네.

② 소율: 달은 지구보다 커서 침식 작용이 일어나지 않아.

③ 주현: 달은 중력이 약해서 대기를 유지할 수가 없구나.

④ 세영: 달에는 대기가 없기 때문에 바람도 불지 않는구나.

⑤ 태우: 달은 물이나 바람에 의한 침식이 없어서 큰 구덩이가 그대로 남는구나.

30초 요약

8 다음 빈칸에 알맞은 말을 넣어 "달에 생물이 살까요?"의 핵심 내용을 한 문장으로 요약하세요.

달의 표면에서 어둡게 보이는 곳은 '[ ][ ]'로 불리지만 실제로는 [ ]이 없으며, 달에는 물과 대기가 없기 때문에 [ ][ ]이 살 수 없습니다.

문학
／창작 동화

연 할아버지

박상재

할아버지께서는 늦가을부터 한겨울까지 언제나 깨끗한 한복을 차려 입고 사랑방을 지키셨습니다. 할아버지께서 하시는 일은 하얀 한지에 대나무 살을 붙여 하늘을 훨훨 나는 종이새를 만드는 일이었습니다. 이런 할아버지를 사람들은 '연 할아버지'라고 불렀습니다. 할아버지의 방에 들어가면 살아 숨 쉬는 듯한 많은 연들이 푸른 하늘을 나는 꿈을 꾸며 천장 가득히 걸려 있었습니다.

할아버지께서는 연 살을 만드실 때에 집 뒤란에 있는 참대나무를 이용하십니다. 성이네 집 뒤란의 참대나무는 가볍고 강하기로 소문이 나 있습니다.

할아버지께서는 참대나무를 가늘게 쪼개 곱게 다듬은 뒤, 닥나무로 만든 한지에 풀을 발라 연을 만드셨습니다. 그때마다 할아버지께서는 연 머리에 꼭 태극무늬를 그려 넣으셨습니다.

"연에는 우리 민족의 혼이 깃들어 있단다. 그렇기 때문에 일본 사람들이 우리 땅을 빼앗은 뒤, 우리나라 사람들이 연날리기를 하는 것을 방해했지."

할아버지께서는 연 만드는 것을 구경하러 온 사람들에게도 성이에게처럼 똑같은 말씀을 해 주셨습니다. 그리고 연을 날리는 방법도 친절하게 가르쳐 주셨습니다.

할아버지께서는 연줄을 감는 얼레도 올해 들어 벌써 세 개나 만드셨습니다. 석류나무와 벚나무를 구하여 설주가 네 개인 얼레를 정성 들여 만드셨습니다.

작품의 전체 줄거리

어느 가을날, 성이와 할아버지는 마당에 나와 가을을 느끼며 함께 이야기를 나누었음.	수록지문 늦가을부터 한겨울까지 연을 만드시는 할아버지를 사람들은 '연 할아버지'라고 부름.	할아버지는 바다가 보이는 언덕 위에서 연을 날리며 동만이라고 불리던 어린 시절을 떠올림.	할아버지는 성이와 연을 날리며 하루빨리 통일이 되어 고향 언덕에서 연을 날리고 싶다고 하심.

어휘 뜻

- **사랑방** 바깥주인이 거처하며 손님을 접대하는 곳으로 쓰는 방.
- **뒤란** 집 뒤 울타리의 안.
- **혼** 사람의 몸 안에서 몸과 정신을 다스린다는 비물질적인 것.
- **설주** 얼레에서 실이 감겨 있는 막대.

어휘 퀴즈 다음 뜻을 지닌 낱말을 찾아 ✔표 하세요.

1 감정, 생각, 노력 따위가 어리거나 스미어.

☐ 기리어 ☐ 길들여 ☐ 깃들어

2 연줄, 낚싯줄 따위를 감는 데 쓰는 기구.

☐ 물레 ☐ 얼레 ☐ 겨레

1 사람들이 할아버지를 '연 할아버지'라고 부르는 까닭은 무엇인가요? (　　　　)

① 할아버지의 성이 '연'이어서

② 할아버지께서 연을 처음 만드셔서

③ 할아버지께서 연 만드는 일을 하셔서

④ 할아버지께서 연 날리는 것을 좋아하셔서

⑤ 할아버지께서 하늘을 나는 새를 키우셔서

2 이 글의 내용으로 맞으면 ○표, 틀리면 ×표 하세요.

⑴ 성이네 참대나무는 가볍고 강하다고 소문이 났다. 　　　　　　　 (　　　　)

⑵ 할아버지께서는 연 머리에 꼭 태극 무늬를 그려 넣으셨다. 　　　 (　　　　)

⑶ 할아버지께서는 연 살을 만드실 때 참대나무를 이용하셨다. 　　 (　　　　)

⑷ 할아버지께서는 닥나무로 만든 한지를 이용해 연을 만드셨다. 　 (　　　　)

⑸ 일본 사람들은 우리나라 사람들이 연 날리는 것을 좋아하였다. 　 (　　　　)

3 할아버지께서는 어떤 삶을 추구하셨나요? (　　　　)

① 자연환경을 지키는 삶　　　　　　② 자신의 이익만 추구하는 삶

③ 다른 사람들에게 인정받는 삶　　　④ 민족의 혼을 일깨우고자 하는 삶

⑤ 깨끗한 옷을 입고 편안하게 사는 삶

30초 요약

4 다음 빈칸에 알맞은 말을 넣어 "연 할아버지"의 핵심 내용을 한 문장으로 요약하세요.

연 할아버지께서는 연을 만드실 때 민족의 〔　　〕을 일깨우기 위하여 〔　　〕

〔　　〕〔　　〕에 꼭 〔　　〕〔　　〕〔　　〕〔　　〕를 그려 넣으셨습니다.

바람 속 바람

김지은

뭍머리에 멈춘 '황소발길질' 태풍은 밤새 공부한 명령을 외웠다.

"지난여름에 공장 폐수를 마구 쏟아 낸 곳이다. 허리를 돌리면 장대비가 쏟아지고, 손발을 꼬아 대면 거친 파도가 일어날 것이다."

소나기바람이 먼저 가볍게 허리를 돌린다. 정말 먹구름이 몰려들면서 장대비가 쏟아졌다. 파도는 회오리바람이 손발을 꼬는 대로 고개를 들더니 높이높이 몰아쳤다. 돌개바람도 따라서 손을 휘저으려 할 때였다. 저만치 놀라서 푸드덕 달아나는 새 떼가 보였다. 얼른 손길을 거두었다.

"쿠당탕탕, 와르르."

돌개바람이 손길을 멈추었지만 집과 나무는 연달아 쿵쿵 쓰러졌다. 기운이 넘친 소나기바람과 회오리바람이 발길질을 거듭했기 때문이다. 보다 못한 돌개바람이 뒷덜미를 잡아당기며 말렸다.

"뻘겋게 물든 바닷물이 안 보여? 물고기도 떠나 버렸어. 다 사람들이 흘려보낸 더러운 물 때문이야. 말리지 마."

후드득 가쁜 숨을 몰아쉬며 소나기바람이 말했다. 회오리바람은 고깃배를 흔들며 삿대질을 하였다.

"순한 태풍? 살리는 태풍? 웃기지 마. 이 폐수를 보고도 그런 말이 나와?"

붉은 띠로 뒤덮인 바다에는 기울어진 고깃배에서 흘러나온 검은 기름마저 둥둥 떠다녔다.

작품의 전체 줄거리

쓰레기 매립지에 바람이 실어다 놓은 배추씨가 쑥쑥 자라고 배춧잎에서 아기흰나비가 태어남.

아기흰나비의 날갯짓 바람은 다른 바람들을 만나 돌개바람이 되고, 회오리바람·소나기바람과 힘을 모아 '황소발길질' 태풍이 됨.

수록지문 더러운 물을 마구 쏟아 낸 뭍에 다다른 소나기바람과 회오리바람은 마구 발길질을 해 대고 집과 나무까지 쓰러뜨림.

황소발길질 태풍으로 오염된 생태계가 활기를 되찾았고, 쓰레기 매립지에 실바람이 날아와 민들레 씨앗을 떨어뜨림.

어휘 퀴즈 다음 뜻을 지닌 낱말을 찾아 ✔표 하세요.

❶ 공장이나 광산 등지에서 쓰고 난 뒤에 버리는 물.

☐ 폐수　　　☐ 폐품　　　☐ 폐지

❷ 어떤 일을 자꾸 되풀이했기.

☐ 거뭇했기　　　☐ 거듭했기　　　☐ 가득했기

5 이 글의 내용으로 알맞은 것은 무엇인가요? (   )

① 회오리바람이 허리를 돌려 장대비가 쏟아지게 하였다.

② 바닷물이 뻘겋게 물든 것은 돌개바람의 심술 때문이다.

③ 물고기가 떠나 버린 것은 회오리바람의 장난 때문이다.

④ 소나기바람이 손발을 꼬아서 거친 파도가 일어나게 하였다.

⑤ 소나기바람은 사람들이 흘려보낸 더러운 물 때문에 화가 났다.

6 집과 나무가 쓰러진 까닭을 찾아 (   ) 안에 알맞은 말을 쓰세요.

> 기운이 넘친 소나기바람과 회오리바람이 (   )을/를 거듭
> 해서 집과 나무가 연달아 쓰러졌다.

7 등장인물의 성격을 바르게 말한 친구는 누구인가요? (   )

① 현아: 돌개바람은 행동이 조심스럽고 생각이 깊어.

② 연수: 회오리바람은 인정이 많지만 변덕스러운 성격이야.

③ 세영: 회오리바람은 자기의 잘못을 인정할 줄 아는 성격이야.

④ 서원: 돌개바람은 일도 안 하고 놀기만 하는 게으른 성격이야.

⑤ 주현: 소나기바람은 자기의 힘을 자랑하기 좋아하는 성격이야.

🕰30초 요약

8 다음 빈칸에 알맞은 말을 넣어 "바람 속 바람"의 핵심 내용을 한 문장으로 요약하세요.

더러운 물을 마구 쏟아 낸 뭍에 다다른 ☐☐☐☐☐ 태풍은 ☐
☐☐를 내리게 하고 거친 ☐☐를 일으켰습니다.

지문 분석 강의

팝 아티스트 비틀스

　20세기 최고의 팝 아티스트 비틀스, 그들은 누구인가요? 비틀스는 영국의 리버풀 출신 청년들인 존 레넌, 폴 매카트니, 조지 해리슨, 링고 스타가 모여 1960년에 만든 로큰롤 밴드입니다. 비틀스라는 밴드의 이름은 존 레넌이 만들었다고 전해집니다. 비틀스(The Beatles)는 '딱정벌레(beetle)'의 beet를 beat로 바꾸어 비트(beat)가 있는 음악을 연상할 수 있게 지었답니다.

　초기 비틀스의 노래는 밝고 경쾌한 로큰롤이었습니다. 1950년대의 로큰롤보다 훨씬 박자도 빠르고 음량도 컸지요. 이러한 밝은 분위기를 내기 위해 4분의 4 박자를 많이 사용했어요. 비틀스는 강한 리듬과 비트로 그들만의 소리를 만들어 냈습니다. 그리고 비틀스는 1965년 가을, '예스터데이'를 발표했지요. 조금 느린 단조 형식의 음악을 만들기 시작한 것이었습니다. 단조는 어둡고 쓸쓸한 느낌이 듭니다.

　또 하나의 변화는 노랫말이었습니다. 초기 비틀스의 노래는 젊은 연인들의 사랑 노래가 많았습니다. 그러나 1965년 이후로는 사색과 인생의 노래로 바뀌어 갔습니다. 비틀스 음악의 노랫말은 아름답기로 유명합니다. 비틀스의 후기 노래들은 오늘날까지 위대한 걸작으로 칭송받고 있습니다.

　비틀스는 전 세계 젊은이들에게 큰 인기를 얻었습니다. 폴의 베이스, 링고의 드럼, 조지의 리드 기타, 존의 리듬 기타는 완벽한 조화를 이루었지요. 이들은 모두 뛰어난 작곡자이자 악기 연주자이며 가수였습니다. 그러나 그들이 세운 회사가 망해서 비틀스는 1971년에 흩어지게 되었어요. 비틀스의 대표곡으로 '예스터데이', '렛잇비', '헤이 주드' 등이 있답니다.

어휘 퀴즈 다음 뜻을 지닌 낱말을 찾아 ✔표 하세요.

1 매우 훌륭한 작품.
　☐걸작　　☐걸상　　☐걸인

2 칭찬하여 일컬음. 또는 그런 말.
　☐칭호　　☐칭송　　☐암송

1 비틀스에 대한 설명으로 알맞지 <u>않은</u> 것은 무엇인가요? (　　　)

① 영국 출신 청년들이 만든 로큰롤 밴드이다.

② 초기에는 밝고 경쾌한 분위기의 음악을 만들었다.

③ 후기에는 4분의 4 박자를 많이 사용한 음악을 만들었다.

④ 대표곡으로 '예스터데이', '렛잇비', '헤이 주드' 등이 있다.

⑤ 비틀스의 음악은 연인 간의 사랑 노래에서 사색과 인생의 노래로 바뀌었다.

2 비틀스에 속한 네 사람이 연주한 악기의 이름을 선으로 알맞게 이으세요.

(1) 존 레넌　・　　　　　　・㉮ 드럼

(2) 링고 스타　・　　　　　　・㉯ 베이스

(3) 조지 해리슨　・　　　　　　・㉰ 리드 기타

(4) 폴 매카트니　・　　　　　　・㉱ 리듬 기타

3 이 글을 읽고 알맞게 반응한 친구는 누구인가요? (　　　)

① 성우: 활동할 당시에는 인기가 없었다니 너무 안타까워.

② 민정: 어둡고 쓸쓸한 노래로 바뀌었으니 인기가 떨어지는 게 당연해.

③ 홍준: 실력 있는 사람이 별로 없어서 결국 흩어지게 되었다고 생각해.

④ 대환: 처음부터 끝까지 같은 느낌의 음악을 만들어 내다니 정말 대단해.

⑤ 미현: 인생에 대해서 깊이 생각하고 싶을 때에는 후기 노래를 들으면 좋겠어.

30초 요약

4 다음 빈칸에 알맞은 말을 넣어 "팝 아티스트 비틀스"의 핵심 내용을 한 문장으로 요약하세요.

　　　네 명의 영국 출신 청년들이 모여 만든 로큰롤 밴드 □□□ 는 강한 리듬과 □□ 가 있는 음악으로 시작했으나 □□ 과 인생을 담은 음악으로 변신하였고, 전 세계 젊은이들에게 큰 인기를 얻었습니다.

사물놀이를 탄생시킨 김덕수

　　사물놀이는 네 사람이 각기 꽹과리, 징, 장구, 북을 가지고 어우러져 치는 놀이입니다. 사물놀이가 전통 음악이라고 생각하는 사람이 많지만 지금의 형식으로 탄생된 것은 1978년이랍니다. 사물놀이를 탄생시킨 사람은 김덕수입니다.

　　김덕수는 1952년 대전에서 태어났습니다. 아버지 김문학은 남사당 예인이었습니다. 아버지는 김덕수가 태어나기 전부터 태어날 아이가 남자라면 남사당패에 내놓겠다고 친구들에게 약속을 했었답니다.

　　어느 날, 김덕수의 소질을 알아본 아버지는 어머니 몰래 김덕수에게 새 옷을 입혀 데리고 나왔습니다. 어머니가 아들이 남사당패에 들어가는 것을 [㉠]했기 때문이지요. 김덕수는 이렇게 해서 예술 인생을 시작하게 되었습니다.

　　김덕수는 어릴 때부터 장구를 잘 쳤습니다. 그리고 다섯 살 때부터 남사당패에서 풍물놀이를 익혔지요. 일곱 살 때에는 전국 농악경연대회에서 대통령상을 받았습니다. 김덕수는 전국적인 인기를 얻었지요. 난장에서 공연하던 시절에는 해가 뜰 때부터 한밤중까지 공연을 했다고 합니다. 김덕수가 사물놀이와 같은 예술성 높은 가락을 만들 수 있었던 것은 타고난 소질과 노력 때문이었습니다.

　　김덕수는 사물놀이의 전통 리듬과 젊은 세대가 즐기는 전자 음악을 합쳐 새로운 소리를 만드는 도전을 시작하였습니다. '음악은 시대와 호흡해야 한다.' 이 말은 김덕수의 철학이 담긴 말입니다. 김덕수의 사물놀이와 함께 널리 퍼져 나갈 우리 국악의 모습을 기대해 봅니다.

어휘 뜻

● **꽹과리** 풍물놀이와 무악 따위에서 사용하는 타악기의 하나.

● **남사당** 무리를 지어 이곳저곳 떠돌아다니면서 소리나 춤을 팔던 남자.

● **풍물놀이** 농촌에서 농부들 사이에 행하여지는 우리나라 고유의 음악.

● **난장** 한데에 난전을 벌여 놓고 서는 장.

● **철학** 자신의 경험에서 얻은 인생관, 세계관, 신조 따위를 이르는 말.

어휘 퀴즈 다음 뜻을 지닌 낱말을 찾아 ✔표 하세요.

❶ 여러 가지 기예를 닦아 남에게 보이는 일을 직업으로 하는 사람.

　☐공인　　　☐상인　　　☐예인

❷ 본디부터 가지고 있는 성질. 또는 타고난 능력이나 기질.

　☐소식　　　☐소인　　　☐소질

5 이 글의 내용으로 알맞은 것은 무엇인가요? (　　　　)

① 김덕수는 원래 장구에는 소질이 없었다.

② 김덕수는 사물놀이를 탄생시킨 사람이다.

③ 김덕수는 노력은 별로 하지 않는 편이었다.

④ 김덕수는 아버지의 반대를 무릅쓰고 사물놀이를 시작하였다.

⑤ 김덕수는 풍물놀이가 전통 그대로 보존되도록 노력하고 있다.

2주
·
4일

6 이 글의 내용으로 보아, ㉠에 들어갈 알맞은 말은 무엇인가요? (　　　　)

① 수락　　　　　　② 찬성　　　　　　③ 동의

④ 반대　　　　　　⑤ 기대

7 이 글을 읽고 자신의 생각이나 느낌을 알맞게 말한 친구의 이름을 쓰세요.

> 재인: 새로운 도전을 계속해 나가는 김덕수의 태도를 본받고 싶어.
> 송주: 김덕수는 요즘 젊은 세대가 즐기는 음악은 싫어하는 것 같아.

(　　　　　　　　)

🕙 **30초 요약**

8 다음 빈칸에 알맞은 말을 넣어 "사물놀이를 탄생시킨 김덕수"의 핵심 내용을 한 문장으로 요약하세요.

　☐☐☐는 사물놀이를 탄생시킨 것에 만족하지 않고 새로운 ☐☐ 를 만들어 내기 위해 계속 ☐☐하였습니다.

문학
/ 희곡

크리스마스 캐럴

원작: 찰스 디킨스

지문 분석 강의

보브: (꺼져 가는 난롯불을 바라보며) ⊙석탄을 좀 더 넣어도 될까요?

스크루지: (화난 목소리로) 절대로 안 돼! 흥, 뭐가 춥다고 엄살이야!

보브: (예의 바른 목소리로) 손가락이 얼어서 글씨를 쓸 수가 없어요.

스크루지: 장갑을 끼면 되지 않겠나?

조카: (문을 열고 들어오며 쾌활한 목소리로) 아저씨, 메리 크리스마스! 성탄을 축하합니다.

스크루지: (퉁명스럽게) 너에게 성탄을 축하할 여유가 다 있니? 무슨 일로 왔지?

조카: (밝게 웃으며) 하하하! 아저씨를 초대하려고요. 오늘 저녁 저희 집에 오셔서 함께 저녁 먹어요.

스크루지: (손을 내저으며) 쓸데없는 소리 그만하고 얼른 가거라.

조카가 나가고 무대 오른쪽으로 한 명의 신사가 서류 가방을 들고 들어온다.

스크루지: 누구시오?

신사: 크리스마스를 맞이하여 가난한 사람들을 위해 모금을 하고 있습니다.

스크루지: (빈정대며) 기부라? 그런 돈이라면 한 푼도 줄 수 없소.

보브: (ⓛ 목소리로) 적은 돈이지만 내가 조금 기부할게요.

작품의 전체 줄거리

| 수록지문 인정이라곤 눈곱만치도 없는 구두쇠 스크루지는 크리스마스 이브에도 사람들에게 인색하게 행동함. | 그날 밤, 옛 친구 마레가 나타나 스크루지에게 과거, 현재, 미래의 유령이 나타날 것이라고 알려 줌. | 과거, 현재, 미래의 유령은 스크루지의 과거와 현재, 그리고 미래의 모습인 스크루지의 무덤을 보여 줌. | 유령을 만난 뒤, 자신이 살아온 인생을 되돌아보게 된 스크루지는 자신의 삶을 반성하고 새사람이 됨. |

어휘 뜻

- 난롯불 난로에 피워 놓은 불.
- 성탄 성탄절. 12월 24일부터 1월 6일까지 예수의 성탄을 축하하는 명절.
- 모금 기부금이나 성금 따위를 모음.

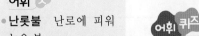 다음 뜻을 지닌 낱말을 찾아 ✓표 하세요.

❶ 아픔이나 괴로움 따위를 거짓으로 꾸미거나 실제보다 보태어서 나타냄. 또는 그런 태도나 말.

☐ 엄살   ☐ 엄수   ☐ 엄격

❷ 자선 사업이나 공공사업을 돕기 위하여 돈이나 물건 따위를 대가 없이 내놓음.

☐ 장부   ☐ 기부   ☐ 기여

1 보브가 ㉠과 같이 말한 까닭은 무엇인가요? (   )

① 스크루지를 놀리고 싶어서

② 난롯불이 너무 밝아 눈이 아파서

③ 옷을 입고 있지 못할 만큼 더워서

④ 손가락이 얼어 글씨를 쓸 수 없을 만큼 추워서

⑤ 석탄을 난롯불에 넣으면 어떻게 되는지 궁금해서

2 이 글에서 스크루지의 성격이 드러나는 말이나 행동으로 알맞은 것의 기호를 두 가지 쓰세요.

> ㉮ 신사가 누구인지 물어본 것
>
> ㉯ 가난한 사람들을 위해 한 푼도 기부할 수 없다고 말한 것
>
> ㉰ 난로에 석탄을 더 넣고 싶어 하는 보브의 요구를 거절한 것

(,   )

3 ㉡에 들어갈 말로 알맞은 것은 무엇인가요? (   )

① 무서운   ② 공손한   ③ 원망하는

④ 무시하는   ⑤ 잘난 체하는

30초 요약

4 다음 빈칸에 알맞은 말을 넣어 "크리스마스 캐럴"의 핵심 내용을 한 문장으로 요약하세요.

구두쇠 영감 ☐☐☐☐는 ☐☐☐☐☐☐에도 인정을 베풀지 않으며 ☐☐를 하지 않겠다고 했습니다.

빌헬름 텔

원작: 프리드리히 실러

빌헬름 텔: ㉠총독 각하, 제 목숨을 바치겠습니다. 부디 화살을 거두게 해 주십시오.

게슬러: (차갑게) 네 목숨은 필요 없다. 나는 너의 활 솜씨를 보고 싶을 뿐이다.

빌헬름 텔: (몰래 화살 하나를 옷 속에 감추고 천천히 활을 들어 아들 발터의 머리 위에 놓인 사과를 겨눈다.)

구경꾼들: (큰 소리로) 와! 발터가 살았어! 텔이 사과를 맞혔어!

발터: (화살이 꽂힌 사과를 집어 들고) 아버지! 아버지께서 사과를 맞히실 거라고 믿었어요.

빌헬름 텔: (발터를 꼭 끌어안으며) 오, 내 아들!

게슬러: (사과를 들여다보며) 화살이 사과 한가운데를 꿰뚫었군. 정말 기가 막힌 솜씨야. (빌헬름 텔을 노려보며) 그런데, 아까 화살 하나를 옷 속에 감추더군. 왜 그랬지?

빌헬름 텔: (고개를 숙이며) 그건, 활을 쏠 때의 버릇입니다.

게슬러: (날카로운 목소리로) 그걸 나더러 믿으라는 거냐? 진실을 말하면 목숨만은 살려 주겠다.

빌헬름 텔: (이글거리는 눈빛으로 쏘아보며) 좋습니다. 제가 실수를 하여 아들을 다치게 했을 경우, 이 두 번째 화살로 당신을 쏘려고 했습니다.

게슬러: (애써 태연한 척하며) 약속대로 네 목숨은 살려 주마. 그러나 네 화살로 부터 나를 지키기 위해 너를 감옥에 가두어야겠다.

작품의 전체 줄거리

스위스의 알토르프에 부임한 총독 게슬러는 초원에 장대를 세우고 그 위 모자를 씌운 뒤 누구든지 그곳에 인사를 하도록 강요함.	아들 발터와 함께 초원을 지나던 빌헬름 텔은 모자에 인사를 안 해서 체포되어 발터의 머리 위에 사과를 놓고 쏘라는 명령을 받음.	(수록지문) 빌헬름 텔은 아들 발터의 머리에 놓인 사과를 명중시키나 화살 한 개를 감추어 두었다는 죄로 체포되어 감옥에 가게 됨.	빌헬름 텔은 감옥으로 끌려가던 중 폭풍이 부는 시간을 이용해 탈출에 성공하고 바위산 위에서 게슬러를 쏘아 죽임.

어휘 퀴즈 다음 뜻을 지닌 낱말을 찾아 ✔표 하세요.

❶ 남을 때리거나 공격하던 일을 멈추거나 끝내게.

☐ 벌이게   ☐ 차갑게   ☐ 거두게

❷ 정열이나 분노, 정기 따위가 왕성하게 일어나는.

☐ 이글거리는   ☐ 이지러지는   ☐ 오글거리는

5 이 글에서 일어난 일의 순서에 맞게 번호를 쓰세요.

(1) 빌헬름 텔이 감옥에 가게 됨. ( )

(2) 빌헬름 텔이 화살 하나를 몰래 옷 속에 감춤. ( )

(3) 빌헬름 텔이 아들의 머리 위에 놓인 사과를 맞힘. ( )

(4) 빌헬름 텔이 아들에게 화살을 쏘지 않게 해 달라고 사정함. ( )

2주·5일

6 ㉠을 실감 나게 읽은 친구는 누구인가요? ( )

① 가인: 먼 곳을 보며 졸린 목소리로 읽었어.

② 희진: 폴짝 뛰면서 설레는 목소리로 읽었어.

③ 재영: 고개를 숙이고 간절한 목소리로 읽었어.

④ 윤하: 손뼉을 치면서 신나는 목소리로 읽었어.

⑤ 규진: 손을 흔들면서 즐거운 목소리로 읽었어.

7 다음 중 빌헬름 텔과 게슬러의 성격으로 알맞은 것의 기호를 각각 쓰세요.

> ㉮ 잔인하고 교활하다.
>
> ㉯ 순진하고 겁이 많다.
>
> ㉰ 치밀하고 계획적이다.

(1) 빌헬름 텔: ( )

(2) 게슬러: ( )

⏱30초 요약

8 다음 빈칸에 알맞은 말을 넣어 "빌헬름 텔"의 핵심 내용을 한 문장으로 요약하세요.

☐☐☐☐은 ☐☐☐의 명령으로 아들의 머리 위에 ☐

☐를 올려놓고 ☐로 쏘아 맞히었습니다.

1 다음 주황색으로 쓴 말의 뜻을 찾아 ○표 하세요.

(1)

> 우리 집 차는 산 지 오래되었지만 주행에는 아무 문제가 없다.

① 낮에 활동함. ( )
② 주로 동력으로 움직이는 자동차나 열차 따위가 달림. ( )

(2)

> 파도는 바위를 침식하고 운반하여 한곳에 쌓이게 한다.

① 외부의 영향으로 세력이나 범위 따위가 점점 줄어듦. ( )
② 비, 하천, 빙하, 바람 따위의 자연 현상이 지표를 깎는 일. ( )

(3)

> 노란색을 볼 때마다 봄이 연상되어 따뜻한 느낌이 든다.

① 자기보다 나이가 많음. 또는 그런 사람. ( )
② 하나를 보면 그것과 관련이 있는 다른 것이 머릿속에 떠오르는 것. ( )

2 다음에 알맞은 말을 채워 넣어 국어사전의 내용을 완성하세요.

(1)

> 칭송(稱頌): 명 ㅊ ㅊ 하여 일컬음. 또는 그런 말.
> 예 어려운 이웃을 위해 일한 그를 <u>칭송</u>했다.

(2)

> 소질(素質): 명 본디부터 가지고 있는 성질. 또는 타고난 ㄴ ㄹ 이나
> 기질. 예 동생은 미술에 뛰어난 <u>소질</u>을 보였다.

(3)

> 꿰뚫다: 동 이쪽에서 저쪽까지 꿰어서 ㄸ ㄷ.
> 예 화살이 과녁을 <u>꿰뚫었다</u>.

3 다음 설명과 관련 있는 말이 무엇인지 완성하세요.

(1)

관용구 풀이 둘 사이에 큰 차이나 거리가 있음을 비유적으로 이르는 말.

➡ | ㅎ | | ㄴ | 과 | 따 |

(2)

속담 풀이 매우 위태로운 처지에 놓여 있음을 비유적으로 이르는 말.

➡ | ㅂ | | ㄹ | 앞의 등불.

4 다음 설명에 알맞은 낱말을 찾아 선으로 잇고, 그 낱말을 넣어 문장을 완성하세요.

(1) 장대처럼 굵고 거세게 좍좍 내리는 비. •

• ㉮ 철학

(2) 사물의 가장 바깥쪽. 또는 가장 윗부분. •

• ㉯ 장대비

(3) 자신의 경험에서 얻은 인생관, 세계관, 신조 따위를 이르는 말. •

• ㉰ 표면

(4) 조금씩 내리던 빗줄기가 갑자기 [　　　　　]로 변했다.

(5) 복숭아의 [　　　　　]에는 까슬까슬한 잔털이 나 있다.

(6) 아버지는 언제나 최선을 다해야 한다는 [　　　　　]을 가지고 사신다.

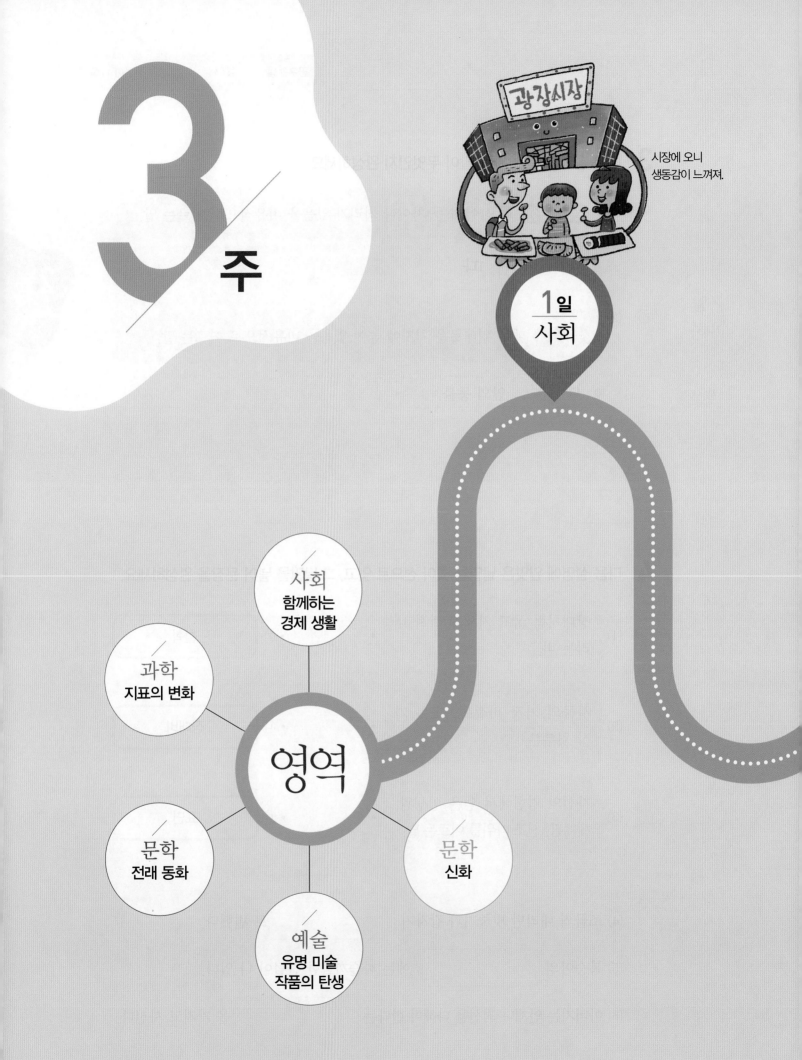

3 주

1일
사회

시장에 오니
생동감이 느껴져.

광장시장

영역

사회
함께하는
경제 생활

과학
지표의 변화

문학
전래 동화

예술
유명 미술
작품의 탄생

문학
신화

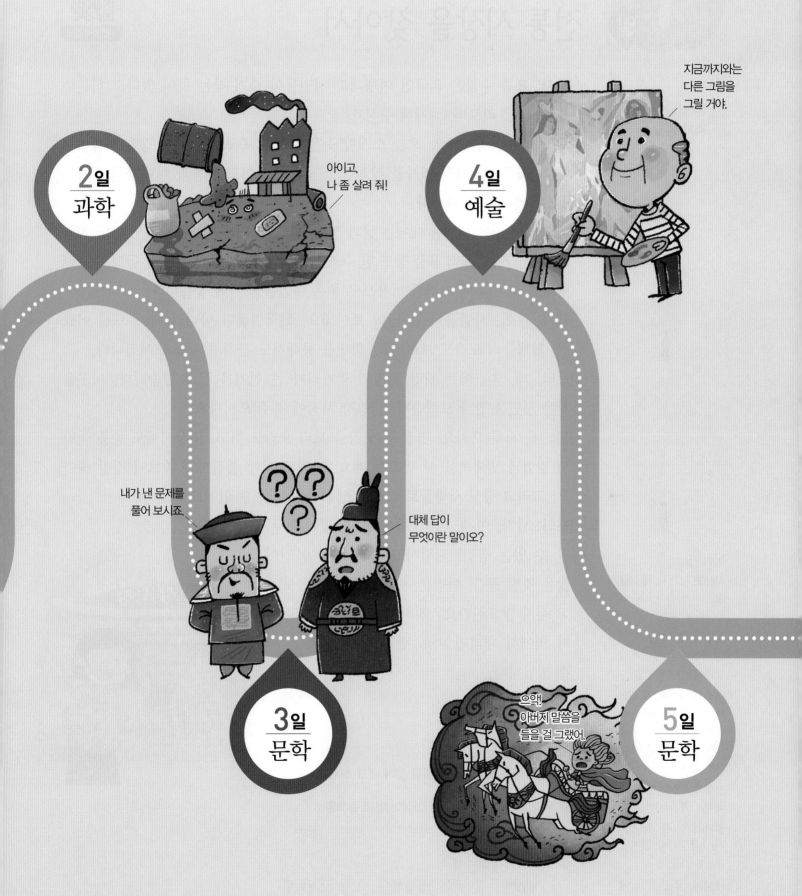

전통 시장을 찾아서

지문 분석 강의

진행자: 요즘 수많은 외국인 여행객과 시민들이 즐겨 찾는 곳이 있다고 하는데요. ○○○ 리포터, 소개해 주시죠.

리포터: 네, 안녕하세요. 오늘 소개할 곳은 서울시 종로구에 있는 광장 시장입니다. 이곳은 100년의 역사를 간직한 ㉠전통 시장이고 전통과 현대가 공존하는 곳으로 알려져 있습니다.

시장이 처음 생겼을 때에는 쌀과 생선, 과일, 잡화 등만 살 수 있었지만, 지금은 침구, 커튼, 폐백 용품 등도 살 수 있습니다. 그래서 혼례나 제사 등의 중요한 행사를 준비할 때 저렴한 비용으로 좋은 물건을 사기에 좋습니다.

진행자: 우아, 사람들이 참 많이 보이네요. 외국인뿐만 아니라 나이 드신 어르신, 학생들의 모습도 보이네요. 화면을 통해서도 활기가 가득 느껴집니다.

리포터: 네, 최근에는 광장 시장의 먹거리가 큰 인기를 끌고 있습니다. 이곳을 찾은 시민을 만나 보겠습니다. 광장 시장에 자주 오시나요?

시민: 네, 자주 오지요. 명절 전에 장을 보러 오기도 하고, 평상시에도 종종 들러서 김밥과 빈대떡을 사 먹고는 해요. 가격도 싼데 품질까지 좋으니 정말 좋아요. 그리고 항상 사람들로 북적여 생동감을 느낄 수 있어요.

리포터: 남자, 여자, 어른, 아이 할 것 없이 모두가 즐길 수 있는 공간, 저렴하고 품질 좋은 물건이 많은 멋진 공간! 여러분, 이곳에 한 번 와 보고 싶지 않으신가요? 지하철 1호선 종로 5가 역에서 내리면 바로 광장 시장에 오실 수 있답니다.

어휘 뜻

- **시장(市** 저자 시, **場** 마당 장) 여러 가지 상품을 사고파는 일정한 장소.
- **침구** 잠을 자는 데 쓰는 이부자리, 베개 따위를 통틀어 이르는 말.
- **폐백(幣** 화폐 폐, **帛** 비단 백) 신부가 처음으로 시부모를 뵐 때 큰절을 하고 올리는 물건. 또는 그런 일.
- **혼례(婚** 혼인할 혼, **禮** 예도 례) 결혼식.
- **활기(活** 살 활, **氣** 기운 기) 활동력이 있거나 활발한 기운.
- **평상시** 특별한 일이 없는 보통 때.

어휘 퀴즈 다음 뜻을 지닌 낱말을 찾아 ✔표 하세요.

❶ 두 가지 이상의 사물이나 현상이 함께 존재함.

☐ 공상　　　☐ 생존　　　☐ 공존

❷ 물건 따위의 값이 싼.

☐ 저렴한　　　☐ 청렴한　　　☐ 저속한

1 광장 시장에 대한 설명으로 알맞지 <u>않은</u> 것은 무엇인가요? (　　　)

① 서울시 종로구에 있다.

② 오랜 역사를 간직한 시장이다.

③ 지금은 김밥과 빈대떡만 판다.

④ 전통과 현대가 공존하는 시장이다.

⑤ 외국인 여행객과 시민들이 즐겨 찾는다.

2 ㉠의 모습으로 알맞은 것에 ◯표 하세요.

(1)　　　　　　　　　(2)　　　　　　　　(3)

(　　　)　　　　　(　　　)　　　　(　　　)

3 시민이 말한 광장 시장이 좋은 까닭으로 알맞은 것을 두 가지 고르세요.

(　　,　　)

① 외국인을 만날 수 있는 기회가 많아서

② 깨끗하고 현대적인 시설이 잘 갖추어져 있어서

③ 항상 사람들로 북적여 생동감을 느낄 수 있어서

④ 광장 시장에서 파는 물건이 가격도 싼데 품질까지 좋아서

⑤ 광장 시장을 아는 사람이 적어 조용하게 장을 볼 수 있어서

30초 요약

4 다음 빈칸에 알맞은 말을 넣어 "전통 시장을 찾아서"의 핵심 내용을 한 문장으로 요약하세요.

　　□□□□은 100년의 역사를 간직한 □□ 시장으로, □

□하고 품질 좋은 물건이 많은 멋진 공간입니다.

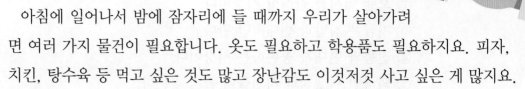

무엇을 살까?

사회

／ 함께하는
경제 생활

아침에 일어나서 밤에 잠자리에 들 때까지 우리가 살아가려면 여러 가지 물건이 필요합니다. 옷도 필요하고 학용품도 필요하지요. 피자, 치킨, 탕수육 등 먹고 싶은 것도 많고 장난감도 이것저것 사고 싶은 게 많지요.

필요한 것과 갖고 싶은 것을 모두 살 수 있을까요? 대부분의 사람들은 그렇지 못할 거예요. 우리가 가지고 있는 돈이나 소득이 정해져 있기 때문이지요. 따라서 아무 계획 없이 소비한다면 언젠가는 아무것도 살 수 없게 되지요. 물건을 사기 전에 먼저 그것이 지금 꼭 필요한 것인지와 내가 가지고 있는 돈이 얼마인지를 생각해 보고 계획적으로 사야 합니다. 그리고 품질이나 성능을 따져서 최대한 만족할 수 있는 물건을 선택해야 합니다.

하지만 바람직하지 않은 소비 생활을 하는 사람들도 많습니다. 어떤 것이 바람직하지 않은 소비일까요? 먼저, 돈이나 물품 따위를 지나치게 많이 쓰는 과소비가 문제입니다. 그리고 필요 없던 물건들을 구경하거나 광고를 보다가 충동적으로 사는 충동구매도 문제이지요. 또 자신의 필요에 의해서가 아니라 다른 사람을 따라서 소비를 하는 경우도 있습니다. 다른 사람들이 많이 사니까 따라서 똑같은 것을 사는 것입니다. 마지막으로 과시 소비도 문제입니다. 주변 사람들에게 자랑하여 보이기 위해서 값비싼 물건을 소비하는 것이지요.

우리는 어떤 소비 생활을 하고 있을까요? ㉠세 살 적 버릇이 여든까지 간다는 말이 있습니다. 어린이들도 물건을 사기 전에 꼭 필요한 물건인지를 따져서 정해 놓은 돈만큼 계획적으로 사는 습관을 길러야 합니다. 그러면 어른이 되어서도 낭비하거나 후회할 일이 없을 테니까요.

어휘 뜻

- **소득**(所 바 소, 得 얻을 득) 일한 결과로 얻은 정신적 · 물질적 이익.
- **소비**(消 사라질 소, 費 쓸 비) 돈이나 물자, 시간, 노력 따위를 들이거나 써서 없앰.
- **성능**(性 성품 성, 能 능할 능) 기계 따위가 지닌 성질이나 기능.

어휘 퀴즈 다음 뜻을 지닌 낱말을 찾아 ✔표 하세요.

1 마음속에서 어떤 욕구 같은 것이 갑작스럽게 일어나는.

☐ 능동적 ☐ 충격적 ☐ 충동적

2 시간이나 재물 따위를 헛되이 헤프게 씀.

☐ 낭패 ☐ 낭비 ☐ 검소

5 이 글의 내용으로 알맞은 것은 무엇인가요? (   )

① 무조건 값싼 물건을 사는 것이 바람직한 소비이다.

② 바람직한 소비란 사고 싶은 것을 모두 사는 것이다.

③ 대부분의 사람들은 갖고 싶은 것을 모두 살 수 있다.

④ 품질이나 성능을 따져서 최대한 만족할 수 있는 물건을 사야 한다.

⑤ 소비를 위해서는 자신이 현재 가지고 있는 돈은 전혀 중요하지 않다.

6 다음 바람직하지 않은 소비에 대한 설명으로 알맞은 것을 찾아 선으로 이으세요.

3주·1일

(1) 과소비 • | • ㉮ 돈이나 물품 따위를 지나치게 많이 씀.

(2) 충동구매 • | • ㉯ 주변 사람들에게 자랑하여 보이기 위해서 값비싼 물건을 삼.

(3) 과시 소비 • | • ㉰ 필요 없던 물건들을 구경하거나 광고를 보다가 충동적으로 삼.

7 ㉠에 대한 설명으로 알맞은 것은 무엇인가요? (   )

① 아이처럼 조금씩만 먹으면서 살라는 뜻이다.

② 어릴 때 몸에 밴 버릇은 늙어서도 고치기 힘들다는 뜻이다.

③ 철없이 함부로 덤비는 경우를 비유적으로 이르는 말이다.

④ 내가 좋은 말을 해야 남도 나에게 좋은 말을 한다는 뜻이다.

⑤ 거의 다 된 일을 망쳐 버리는 주책없는 행동을 이르는 말이다.

30초 요약

8 다음 빈칸에 알맞은 말을 넣어 "무엇을 살까?"의 핵심 내용을 한 문장으로 요약하세요.

바람직한 [ ][ ]는 꼭 필요한 물건을 정해진 돈 안에서 [ ][ ]과 성능을 생각하여 [ ][ ][ ]으로 사는 것입니다.

흙을 지키자

지문 분석 강의

과학
／ **지표의 변화**

흙은 인간과 자연 생태계를 유지시키는 소중한 자원입니다. 흙이 만들어지기까지는 오랜 시간이 필요합니다. 큰 바위나 돌이 햇빛, 물, 바람 따위에 깎이고 부서진 뒤, 거기에 동물과 식물이 썩어 생긴 유기물이 섞입니다. 이렇게 하여 성숙한 흙이 되기까지는 수만 년이 걸린다고 합니다. 그런데 우리는 흙의 소중함을 잊어버린 채 살고 있습니다.

흙은 다양한 역할을 합니다. 씨앗을 움트게 하고 식물을 자라게 합니다. 식량의 95퍼센트가 흙에서 나옵니다. 또한 흙은 수많은 생물과 미생물의 보금자리입니다. 항생제나 항암제의 70퍼센트가 흙에서 살고 있는 미생물에서 나온다고 합니다.

그런데 이렇게 소중한 흙이 인간에 의해 오염되고 있습니다. 농촌에서 사용하는 농약, 공장의 폐수와 폐기물, 가정에서 나오는 생활 하수와 쓰레기, 공기 중의 오염 물질이 섞인 비 등으로 흙은 고통받고 있습니다. 그리고 흙을 시멘트 등으로 덮어 흙의 호흡을 막는 것도 흙을 오염시킨답니다.

우리는 흙의 중요성을 알고 보호해야 합니다. 농촌에서는 농약의 사용을 줄이고, 가정에서는 생활 하수를 줄여야 합니다. 또, 공장에서는 폐수를 깨끗하게 한 뒤 내보내고, 각종 산업 폐기물도 줄여야 합니다. 나라에서는 지나친 개발을 막고 공기를 깨끗하게 하기 위해 노력해야 합니다.

흙이 오염되면 동식물뿐만 아니라 사람도 살 수 없습니다. 더 이상 해로운 물질로부터 흙이 오염되지 않도록 깨끗하게 보호해야 합니다. 이제부터 가정과 학교에서 우리가 할 수 있는 일을 찾아 조금씩 실천합시다.

어휘 뜻

● **유기물**(有 있을 유, 機 틀 기, 物 물건 물) 생체를 이루며, 생체 안에서 생명력에 의하여 만들어지는 물질.

● **보금자리** 지내기에 매우 포근하고 아늑한 곳을 비유적으로 이르는 말.

● **항생제** 미생물이 만들어내는 항생 물질로 된 약제.

● **항암제** 암세포의 발육이나 증식을 억제하는 약.

● **농약** 농작물에 해로운 벌레 · 잡초 따위를 없애는 데 쓰는 약품.

● **생활 하수** 일상생활을 하는 데에 쓰이고 난 뒤 하천으로 내려오는 물.

어휘 퀴즈 다음 뜻을 지닌 낱말을 찾아 ✔표 하세요.

❶ 초목 따위의 싹이 새로 돋아 나오기 시작하게.

☐움트게 ☐동트게 ☐북돋게

❷ 더럽게 물듦. 또는 더럽게 물들게 함.

☐오염 ☐이염 ☐감염

1 흙이 만들어지는 과정에 알맞게 기호를 쓰세요.

> ㉮ 성숙한 흙이 됨.
> ㉯ 큰 바위나 돌이 깎이고 부서짐.
> ㉰ 부서진 바위나 돌에 동물과 식물이 썩어 생긴 유기물이 섞임.

(　　　) → (　　　) → (　　　)

2 흙이 오염되는 까닭을 <u>잘못</u> 말한 친구는 누구인가요? (　　)

① 주현: 농촌에서 사용하는 농약 때문에 흙이 오염되고 있어.
② 세영: 공장에서 버리는 폐수와 폐기물 때문에 흙이 더러워져.
③ 태우: 오염 물질이 섞인 비가 내려서 토양을 오염시키기도 해.
④ 소율: 흙속에서 사는 수많은 생물과 미생물 때문에 흙이 오염돼.
⑤ 승연: 흙을 시멘트 등으로 덮어 흙의 호흡을 막는 것도 흙을 오염시켜.

3 글쓴이의 주장은 무엇인가요? (　　)

① 식물을 보호하자.
② 우리 농산물을 애용하자.
③ 흙의 중요성을 알고 보호하자.
④ 미생물을 항생제나 항암제로 활용하자.
⑤ 과학 기술을 발전시켜 이상 기후에 대응하자.

⏱ **30초 요약**

4 다음 빈칸에 알맞은 말을 넣어 "흙을 지키자"의 핵심 내용을 한 문장으로 요약하세요.

인간과 자연 ☐☐☐ 를 유지시키는 ☐ 의 중요성을 알고, 흙을 ☐ 해야 합니다.

화강암에서 모래알까지

▲ 화강암

서울에 있는 북한산에 가 본 적이 있나요? 북한산은 백운대, 인수봉, 만경대의 세 봉우리가 있어 '삼각산'이라고도 하는 유명한 산입니다. 북한산의 아름다운 풍경을 만들어 내는 신기한 모양의 바위들은 대부분 화강암이랍니다. 화강암은 마그마가 땅속 깊은 곳에서 천천히 식어서 만들어진 암석입니다. 화강암의 알갱이들은 크고 반짝여서 맨눈으로도 보입니다.

화강암은 단단하고 아름답습니다. 그래서 신라 시대 이전부터 건물을 지을 때에 이용했습니다. 우리나라 옛 건물의 주춧돌은 거의 화강암입니다. 궁궐의 돌다리나 돌로 쌓아 만든 벽도 대부분 화강암이지요. 불국사의 석굴암도 화강암을 깎아 만든 것입니다. 스포츠 경기인 컬링에 사용되는 스톤의 재료로도 쓰이지요.

화강암은 주로 석영, 장석, 운모로 구성되어 있습니다. 석영은 유리 광택이 나는데, 아무 빛깔이 없는 순수한 것은 수정이라고 합니다. 장석은 유리 광택이 나며 흰색, 갈색, 회색을 띱니다. 얇은 조각으로 잘 갈라지는 성질이 있는 운모는 백운모와 흑운모로 나뉩니다.

화강암이 풍화되면 화강암을 구성하는 물질들이 따로따로 떨어집니다. 장석과 운모는 미세한 점토로 변합니다. 풍화에 강한 석영은 오랫동안 그 형태를 유지하며 강이나 내의 아래쪽으로 흘러내려가 모래가 됩니다.

금강산, 설악산, 북한산의 아름다운 풍경을 만드는 신기한 모양의 바위들을 보세요. 또 강변이나 해변에서 반짝이는 모래를 살펴보세요. 모두 자연이 화강암을 깎아 만들어 놓은 작품이라 하니 신기하지요?

어휘 뜻

● **마그마** 땅속 깊은 곳에서 암석이 지열로 녹아 반액체로 된 물질.

● **주춧돌** 기둥 밑에 기초로 받쳐 놓은 돌.

● **풍화(風** 바람 풍, **化** 될 화)**되면** 지표를 구성하는 암석이 햇빛, 공기, 물, 생물 따위의 작용으로 점차로 파괴되거나 분해되면.

어휘 퀴즈 다음 뜻을 지닌 낱말을 찾아 ✔표 하세요.

1 안경이나 망원경, 현미경 따위를 이용하지 아니하고 직접 보는 눈.

☐ 실눈 ☐ 한눈 ☐ 맨눈

2 빛의 반사로 물체의 표면에서 반짝거리는 빛.

☐ 광택 ☐ 윤택 ☐ 광석

5 화강암에 대한 설명으로 알맞은 것은 무엇인가요? (   )

① 단단하지 않다.

② 화강암이 풍화되면 물이 된다.

③ 우리나라에서는 화강암을 보기 어렵다.

④ 알갱이는 매우 작아서 맨눈으로 볼 수 없다.

⑤ 마그마가 천천히 식어서 만들어진 암석이다.

6 화강암으로 만든 것이 <u>아닌</u> 것은 어느 것인가요? (   )

① 컬링의 스톤   ② 궁궐의 돌다리

③ 옛 건물의 지붕   ④ 불국사의 석굴암

⑤ 옛 건물의 주춧돌

7 이 글의 다음 부분에서, 중심 문장을 찾아 밑줄을 그어 보세요.

> 화강암은 주로 석영, 장석, 운모로 구성되어 있습니다. 석영은 유리 광택이 나는데, 아무 빛깔이 없는 순수한 것은 수정이라고 합니다. 장석은 유리 광택이 나며 흰색, 갈색, 회색을 띱니다. 얇은 조각으로 잘 갈라지는 성질이 있는 운모는 백운모와 흑운모로 나뉩니다.

30초 요약

8 다음 빈칸에 알맞은 말을 넣어 "화강암에서 모래알까지"의 핵심 내용을 한 문장으로 요약하세요.

화강암은 [ ][ ][ ]가 천천히 식어서 만들어진 암석으로, 주로 석영,

[ ][ ], 운모로 구성되어 있으며, [ ][ ]되면 점토와 모래가 됩니다.

지문 분석 강의

늙은 어머니의 지혜

어느 날, 중국의 사신이 임금님과 신하들 앞에서 거만하게 말했어요.

"세 가지 문제 중 한 가지라도 풀지 못하면 나라의 귀한 보물을 가져가겠습니다."

사신이 먼저 탁자 위에 놓인 종이를 가리키며 말했어요.

"이 흰 종이 위의 검은 글자를 남김없이 지워 보시오."

그리고 구불구불한 구멍이 뚫려 있는 구슬을 가리켰어요.

"손을 대지 않고 구슬에 실을 꿰어 보시오."

또, 크기가 같은 소 두 마리를 가리키며 말했어요.

"이 두 마리 가운데 어미 소와 새끼 소를 가려내시오."

그러나 임금님도 신하들도 답을 알 수 없었습니다.

㉠'큰일이군. 이 어려운 문제를 누가 풀 수 있단 말인가!'

임금님은 백성들에게 문제를 풀면 큰 상을 내리겠다고 알렸습니다. 이 소식을 들은 동이는 곰곰 생각해 보았지만 답을 알 수가 없었습니다.

'그래, 어머니라면 답을 알 수 있을 거야!'

이 나라에는 늙은 부모님을 산에 버리는 풍습이 있었지만 동이는 남몰래 어머니를 집에 모시고 살았지요. 동이는 어머니께 사신이 낸 문제를 말씀드렸어요. 어머니는 긴 세월을 살아오면서 많은 경험을 쌓은 지혜로운 분이었어요.

"그리 어려운 문제들은 아닌 것 같구나."

어머니는 동이에게 문제 푸는 방법을 알려 주었습니다.

작품의 전체 줄거리

어머니를 모시고 살던 동이는 늙고 병든 부모님을 산에 버리는 풍습 때문에 괴로워함.	동이는 늙으신 어머니를 모시고 산으로 가지만 차마 버리지 못하고 집으로 돌아옴.	**수록지문** 중국 사신이 와 세 가지 문제를 내고 그것을 풀지 못하면 귀한 보물을 가져가겠다고 함.	동이는 아무도 풀지 못하는 어려운 문제를 어머니의 지혜를 빌어 모두 풀고, 큰 상을 받음.

어휘 뜻

- **사신**(使 부릴 사, 臣 신하 신) 임금이나 국가의 명령을 받고 외국에 사절로 가는 신하.
- **거만하게** 잘난 체하며 남을 업신여기는 데가 있게.
- **풍습**(風 바람 풍, 習 익힐 습) 풍속과 습관을 아울러 이르는 말.

어휘 퀴즈 다음 뜻을 지닌 낱말을 찾아 ✔표 하세요.

❶ 아주 보배롭고 소중한.

☐속된　　　☐귀한　　　☐긴한

❷ 자신이 실제로 해 보거나 겪어 봄. 또는 거기서 얻은 지식이나 기능.

☐경험　　　☐영험　　　☐경치

1 이 글의 내용으로 알맞은 것을 두 가지 고르세요. (　　,　　)

① 동이는 곰곰 생각하여 스스로 문제를 풀었다.

② 어머니는 동이에게 문제 푸는 방법을 알려 주었다.

③ 동이는 늙은 부모님을 산에 버리는 풍습을 따르지 않았다.

④ 임금님과 신하들은 중국 사신이 낸 문제의 답을 알고 있었다.

⑤ 중국 사신은 임금님과 신하들 앞에서 문제 푸는 방법을 설명했다.

3주·3일

2 ㉠에서 느껴지는 임금님의 마음은 어떠한가요? (　　　)

① 기쁘다.　　　　　　　② 행복하다.

③ 태연하다.　　　　　　④ 다행스럽다.

⑤ 걱정스럽다.

3 등장인물의 성격으로 알맞은 것을 두 가지 고르세요. (　　,　　)

① 어머니: 지혜롭다.

② 동이: 효심이 지극하다.

③ 중국 사신: 배려심이 많다.

④ 임금님: 잘난 체를 잘한다.

⑤ 동이: 욕심이 많고 냉정하다.

🕐 **30초 요약**

4 다음 빈칸에 알맞은 말을 넣어 "늙은 어머니의 지혜"의 핵심 내용을 한 문장으로 요약하세요.

　　중국 □□ 이 세 가지 □□ 를 내어 나라가 어려움에 처하자, 동이의

□□□ 가 문제 푸는 방법을 알려 주었습니다.

망주석 재판

망주석 재판을 보기 위해 마을 사람들이 관가로 몰려들었습니다. 드디어 재판이 시작되고, 사또는 망주석을 보며 소리쳤어요.

"망주석아! 너는 무덤 옆에 서 있었으니 비단 도둑을 보았을 것이 아니냐?"

하지만 돌로 만들어진 망주석은 아무 말도 하지 않았어요.

"감히 내가 물어보는데 대답을 안 하다니! 여봐라, 저 망주석의 볼기를 쳐라!"

그러자 포졸들은 긴 막대로 망주석을 때리고, 그것을 본 사람들은 웃음을 터뜨렸어요.

"으하하, 돌로 된 망주석을 때리다니!"

그때 사또가 자리에서 벌떡 일어났습니다.

"재판을 하는데 웃음소리가 웬 말이냐! 여봐라, 웃은 사람들을 모두 옥에 가두어라!"

포졸들은 웃은 사람들을 잡아 가두었습니다.

"사또, 저희를 용서해 주십시오!"

마을 사람들은 바닥에 엎드려 빌었습니다.

"내 너희에게 큰 벌을 내리려고 했으나 잘못을 진심으로 뉘우치니 용서하겠노라. 대신 내일까지 비단 한 필씩을 사서 바치도록 하여라."

어휘 뜻

- **망주석(望** 바랄 망, **柱** 기둥 주, **石** 돌 석) 무덤 앞의 양쪽에 세우는 한 쌍의 돌기둥.
- **관가(官** 벼슬 관, **家** 집 가) 벼슬아치들이 나랏일을 보던 집.
- **볼기** 뒤쪽 허리 아래, 허벅다리 위의 양쪽으로 살이 불룩한 부분.
- **포졸** 조선 시대에, 포도청에 속한 군졸.
- **옥** 감옥. 죄인을 가두어 두는 곳.
- **필** 일정한 길이로 말아 놓은 피륙을 세는 단위.

작품의 전체 줄거리

옛날에 비단 장수가 산길을 가다가 망주석 옆에서 깜박 잠이 들었는데, 깨어 보니 비단이 없어져서 사또를 찾아감.

비단 장수의 이야기를 들은 사또는 망주석을 끌고 오라고 하고 소문을 들은 마을 사람들은 망주석 재판을 보겠다고 관가로 몰려듦.

수록지문 망주석을 묶고 볼기를 치자 사람들이 웃고, 사또는 웃은 사람들을 감옥에 가둔 뒤, 용서할 터이니 비단을 한 필씩 바치라고 함.

사람들이 바친 비단을 보고 비단 장수가 자신의 비단이라고 하자, 사또는 사람들에게 비단을 판 비단 장수를 잡음.

어휘 퀴즈 다음 뜻을 지닌 낱말을 찾아 ✓표 하세요.

❶ 옳고 그름을 따져 판단함.

☐재산 　　☐재판 　　☐자판

❷ 스스로 제 잘못을 깨닫고 마음속으로 가책을 느끼니.

☐뉘우치니 　　☐깨우치니 　　☐사무치니

5 이 글의 내용으로 알맞은 것은 무엇인가요? (　　　)

① 사또는 마을 사람들의 볼기를 때렸다.

② 사또가 소리치자 망주석이 벌떡 일어났다.

③ 마을 사람들은 망주석이 도둑이라고 생각했다.

④ 사또는 사람들을 풀어 주는 대신 돈을 가져오라고 했다.

⑤ 사또는 망주석이 마치 사람인 것처럼 재판을 하고 볼기를 쳤다.

3주·3일

6 망주석이 이동한 장소로 알맞은 것은 무엇인가요? (　　　)

① 산 → 바다　　　　　　　② 바다 → 관가

③ 들 → 무덤 옆　　　　　④ 무덤 옆 → 관가

⑤ 비단 장수의 집 → 관가

7 사또가 마을 사람들을 옥에 가두라고 한 까닭은 무엇인가요? (　　　　)

① 비단 장수를 숨겨 주어서

② 죄 없는 망주석을 때려서

③ 비단 장수의 비단을 훔쳐서

④ 사또의 명령을 따르지 않아서

⑤ 사또가 재판을 하는데 웃어서

🕐 **30초 요약**

8 다음 빈칸에 알맞은 말을 넣어 "망주석 재판"의 핵심 내용을 한 문장으로 요약하세요.

　　사또는 ☐☐☐을 관가로 끌고 와 재판을 했고 그것을 보고 웃은 사람들을 ☐에 가둔 뒤 용서해 줄 테니 ☐☐을 바치라고 하였습니다.

지문 분석 강의

큐비즘의 탄생

예술
/ 유명 미술
작품의 탄생

그림을 잘 그린다는 것은 어떤 것일까요? 사진기가 없던 시절에는 대상을 마치 사진을 찍은 듯 화폭 안에 그대로 옮겨 그렸습니다. 사람들은 대상을 있는 그대로 그려야 잘 그린 그림이라고 생각했습니다. 오랜 세월 동안 사람들은 그렇게 그리려고 노력했어요.

하지만 파블로 피카소는 '사물을 어떻게 바라볼 것인가?'를 고민했습니다. 모델을 이쪽에서도 보고 저쪽에서도 본 뒤 그것을 한 화면에 모두 그려 넣었지요. 모델의 형태를 입체 도형으로 떼어 내고, 이것을 다시 구성해서 평면 안에 모두 그려 넣은 거예요.

그리하여 1907년, 아주 낯선 그림이 나타났습니다. 그것은 '아비뇽의 아가씨들'이라는 그림이에요. 아주 큰 화폭 안에 다섯 명의 여인이 그려진 그림이지요. 여인들은 얼굴은 정면을 보는데 몸은 옆으로 틀어져 있거나 한쪽 눈은 정면을 보지만 다른 한쪽 눈은 옆을 보고 있는 것처럼 표현되었어요. 얼굴과 몸통은 도형처럼 생겼습니다.

미술 역사상 최초의 입체주의, 즉 큐비즘 작품이 탄생한 순간이지요. 큐비즘이란 그림이 마치 입체 도형인 큐브(정육면체) 같다고 하여 붙여진 말입니다. 큐비즘 작품의 특징은 한마디로 대상을 입체 도형처럼 표현한 것이랍니다. 그림을 있는 그대로 그리던 전통적인 표현 방법에서 벗어난 것이지요. 큐비즘은 회화의 새로운 가능성을 연 계기가 되었습니다.

어휘 뜻

● 대상(對 대할 대, 象 코끼리 상) 어떤 일의 상대 또는 목표나 목적이 되는 것.

● 화폭 그림을 그려 놓은 천이나 종이의 조각.

● 모델 조각이나 회화 등의 모방 대상이 되는 인물이나 사물.

● 입체(立 설 입, 體 몸 체) 삼차원의 공간에서 여러 개의 평면이나 곡면으로 둘러싸인 부분.

● 최초 맨 처음.

● 회화 여러 가지 선이나 색채로 평면 상에 형상을 그려 내는 조형 미술.

어휘 퀴즈 다음 뜻을 지닌 낱말을 찾아 ✔표 하세요.

1 똑바로 마주 보이는 면.

☐ 장면　　　☐ 정면　　　☐ 반면

2 어떤 일이 일어나거나 변화하도록 만드는 결정적인 원인이나 기회.

☐ 계시　　　☐ 결과　　　☐ 계기

1 큐비즘에 대한 설명으로 알맞은 것을 두 가지 고르세요. (,   )

① 대상을 있는 그대로 그린다.

② 대상을 사진으로 찍은 듯 옮겨 그린다.

③ 대상을 입체 도형처럼 표현하여 그린다.

④ 대상에서 작가가 받은 순간적인 인상을 그린다.

⑤ 대상을 여러 방향에서 본 뒤 그것을 한 화면에 그린다.

3주
·
4일

2 이 글에서 설명하는 것과 비슷한 방식으로 그려진 그림에 ○표 하세요.

(1)

(   )

(2)

(   )

(3)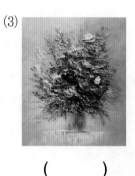

(   )

3 다음에서 설명하는 작품의 이름을 이 글에서 찾아 쓰세요.

> • 1907년 파블로 피카소가 그린 그림이다.
> • 미술 역사상 최초의 큐비즘 작품이다.

(   )

30초 요약

4 다음 빈칸에 알맞은 말을 넣어 "큐비즘의 탄생"의 핵심 내용을 한 문장으로 요약 하세요.

파블로 □□□ 가 처음으로 시도한 □□□ 은 대상을 □□ 도형처럼 표현하였습니다.

재미있는 팝 아트

우리의 일상과 가장 가까운 예술은 무엇일까요? 그것은 바로 '팝 아트'랍니다. 팝 아트는 광고나 만화, 사진 등 대중문화 속의 이미지를 소재로 삼습니다. 팝 아트의 '팝(Pop)'은 '대중적(Popular)'이라는 뜻을 가지고 있는데, 누구든 이해하기 쉽게 표현한 예술이라 할 수 있지요.

팝 아트는 1950년대 초 영국에서 시작되어 1950년대 중·후반 미국으로 널리 퍼진 현대 미술의 한 흐름입니다. ___㉠___은/는 사람들이 기존에 가지고 있던 예술의 의미를 다시 한 번 생각하게 했습니다. 텔레비전이나 거리의 교통 표지판, 만화 속 주인공 등 평범하고 흔한 소재들을 미술의 영역으로 끌어들였지요. 사람들은 어렵게만 생각했던 미술을 친근하게 느낄 수 있게 되었습니다.

앤디 워홀은 '팝 아트의 황제'라 불리는 사람입니다. 작품의 소재를 슈퍼마켓의 진열대나 대중 잡지의 표지에서 찾았습니다. 유명한 여자 연예인의 사진이나 깡통 같은 이미지들을 판화 기법을 통해 반복적으로 찍어 내어 표현했지요. 로이 릭턴스타인은 만화의 한 장면을 그대로 확대했어요. 그리고 검은색과 흰색, 밝은 원색으로 그림을 그렸어요. 뿐만 아니라 그림에 말풍선까지도 그려 넣었지요. 클라스 올든버그의 작품 소재를 살펴보면 더 재미있습니다. 숟가락, 포크, 옷핀, 립스틱, 야구 방망이 같이 일상에서 쉽게 볼 수 있는 것들을 거대하게 확대하여 공원이나 거리에 설치했지요.

우리 주변에서 늘 보던 물건을 거리의 조각 작품으로, 전시장의 전시물로 보게 된다면 어떤 느낌일까요? 아마도 새롭고 재미있게 느껴지지 않을까요?

▲ 클라스 올든버그의 "빨래집게"

어휘 뜻

●**대중적**(大 클 대, 衆 무리 중, 的 과녁 적) 수많은 사람의 무리를 중심으로 한. 또는 그런 것
●**판화**(版 판목 판, 畵 그림 화) 나무, 수지, 금속, 돌 따위로 이루어진 판에 그림을 새기고 색을 칠한 뒤에, 종이나 천을 대고 찍어서 만든 그림.
●**전시장** 물품을 차려 놓고 보이는 곳.

어휘 퀴즈 다음 뜻을 지닌 낱말을 찾아 ✔표 하세요.

❶ 예술 작품에서 지은이가 말하고자 하는 바를 나타내기 위해 선택하는 재료.

☐ 소묘 ☐ 원료 ☐ 소재

❷ 모양이나 규모 따위를 더 크게 함.

☐ 확대 ☐ 확신 ☐ 확고

5 팝 아트에 대한 설명으로 알맞지 <u>않은</u> 것은 무엇인가요? (　　　　)

① 1950년대 초 영국에서 시작되었다.

② 누구든 이해하기 쉽게 표현한 예술이다.

③ 앤디 워홀은 '팝 아트의 황제'라 불린다.

④ 일상에서 쉽게 볼 수 없는 것들을 소재로 한다.

⑤ 사람들이 기존에 가졌던 예술의 의미를 다시 생각하게 했다.

3주·4일

6 ㉠에 들어갈 알맞은 말은 무엇인가요? (　　　　)

① 예술 　　　　② 대중적 　　　　③ 팝 아트

④ 대중문화 　　　　⑤ 현대 미술

7 다음과 같은 특성이 있는 작가의 이름을 이 글에서 찾아 쓰세요.

- 말풍선
- 검은색과 흰색, 밝은 원색
- 만화의 한 장면을 그대로 확대

(　　　　　　　　　)

⏱**30초 요약**

8 다음 빈칸에 알맞은 말을 넣어 "재미있는 팝 아트"의 핵심 내용을 한 문장으로 요약하세요.

영국에서 시작된 [　][　][　]는 평범하고 흔한 소재를 [　][　]의 영역으로 끌어들여 어렵게만 생각했던 미술을 친근하게 느낄 수 있게 하였습니다.

문학 / 신화

지문 분석 강의

파에톤과 태양 마차

"파에톤, 함부로 약속한 내가 잘못이다. 하지만 네가 아무리 원하더라도 태양 마차만은 몰게 할 수 없단다. 저 마차를 타고 무사히 달릴 수 있는 건 오로지 태양의 신인 나뿐이란다. 신들의 왕인 제우스님도 저 마차를 제대로 몰지 못한단다. 너 같은 어린아이는 단번에 불에 타 죽고 말 거야."

그러나 파에톤은 아버지의 목에 매달려 마구 떼를 쓰기 시작했습니다.

"아버지, 신들은 약속을 어기지 않는다고 들었어요. 저 태양 마차를 몰게 해 주세요. 저 마차를 멋지게 몰아 아버지의 아들임을 모두에게 보여 주고 싶어요."

결국 헬리오스는 고삐를 아들에게 넘겨주며 조언을 하였습니다.

"고삐를 꽉 잡고, 함부로 채찍질을 하면 안 된다. 마차는 하늘 한가운데로 달리게 해야 한다. 너무 높게 달리면 하늘이 불타고, 너무 낮게 달리면 지상에 불이 일어난단다."

파에톤은 아버지의 주의를 건성으로 듣고, 마차 위로 올라섰습니다. 태양 마차는 순식간에 하늘 위로 올라갔다가 다시 아래로 곤두박질치기도 했습니다. 파에톤은 고삐를 놓치고 말았습니다.

'정말 큰일 났구나. 아버지의 말씀을 들을 걸 그랬어. 괜히 태양 마차를 탔어.'

파에톤은 후회했지만 때는 이미 늦었습니다. 산 위에 불길이 번져 활활 타오르기 시작했습니다. 숲과 들판도 시꺼멓게 타 버리고, 샘과 강물까지 모두 말라 버렸습니다. 바닷물도 부글부글 끓어올랐습니다. 세상이 불바다로 변해 버렸습니다.

어휘 뜻

- **마차** 말이 끄는 수레.

- **떼** 부당한 요구나 청을 들어 달라고 고집하는 짓.
- **고삐** 말이나 소를 몰거나 부리려고 재갈이나 코뚜레, 굴레에 잡아매는 줄.
- **조언** 말로 거들거나 깨우쳐 주어서 도움. 또는 그런 말.
- **건성** 진지한 자세나 성의 없이 대충 하는 태도.
- **곤두박질** 몸이 뒤집혀 갑자기 거꾸로 내리박히는 일.

작품의 전체 줄거리

파에톤은 자신이 태양신 아들임을 주장하지만 친구들에게 놀림만 당하자 자신의 주장을 증명하기 위해 아버지를 찾아 떠남.	태양신 헬리오스는 아들인 파에톤의 소원을 들어주기로 약속하고 파에톤은 떼를 쓰며 태양 마차를 몰게 해 달라고 함.	**수록지문** 파에톤은 결국 태양 마차의 고삐를 잡게 되었지만 태양 마차를 조종하지 못해 산과 들판을 모두 불태우고 강물까지 말려 버림.	결국 파에톤은 화가 난 제우스가 던진 번개에 맞아 죽게 되었고, 파에톤의 요정 누나들은 슬퍼하다가 버드나무가 됨.

어휘 퀴즈 다음 뜻을 지닌 낱말을 찾아 ✔표 하세요.

1 조심하거나 깊이 생각하지 아니하고 마음 내키는 대로 마구.

☐ 함부로　　　☐ 저절로　　　☐ 일부러

2 경고나 훈계의 뜻으로 일깨움.

☐ 성의　　　☐ 상의　　　☐ 주의

1 이 글의 내용으로 알맞은 것은 무엇인가요? (   )

① 헬리오스는 신들의 왕이다.

② 파에톤의 아버지는 제우스이다.

③ 파에톤은 제우스를 만나고 싶었다.

④ 파에톤은 태양 마차를 멋지게 잘 몰았다.

⑤ 파에톤은 헬리오스의 말을 듣지 않은 것을 후회했다.

2 헬리오스가 파에톤에게 어떤 약속을 했을지 짐작해 알맞은 것의 기호를 쓰세요.

㉮ 파에톤과 함께 살겠다.

㉯ 파에톤의 소원을 들어주겠다.

㉰ 파에톤에게 태양 마차를 만들어 주겠다.

㉱ 모두에게 파에톤이 자신의 아들임을 말하겠다.

(   )

3 태양 마차를 몰 때 주의할 점으로 알맞은 것을 모두 고르세요. (,   ,   )

① 고삐를 꽉 잡아야 한다.

② 함부로 채찍질을 하면 안 된다.

③ 채찍질을 아주 빠르게 해야 한다.

④ 마차는 아주 낮게 달리게 해야 한다.

⑤ 마차는 하늘 한가운데로 달리게 해야 한다.

30초 요약

4 다음 빈칸에 알맞은 말을 넣어 "파에톤과 태양 마차"의 핵심 내용을 한 문장으로 요약하세요.

□□□ 은 태양의 신만이 몰 수 있는 □□ 마차를 몰았다가 세상

을 □□□ 로 만들었습니다.

고구려를 세운 주몽

알에서 태어난 아기는 신비한 기운이 넘쳤어요.

"너는 해모수의 아들이니 하느님의 손자란다."

어머니 유화 부인은 아기에게 아버지에 대해 말해 주었습니다.

아기가 자라 일곱 살이 되었을 때에는 스스로 활과 화살을 만들어 쏘았답니다.

"우아, 쏘면 쏘는 대로 다 맞힌다니까. 백발백중이야."

사람들은 아이를 활을 잘 쏘는 사람이란 뜻으로 '주몽'이라 불렀습니다.

"흥, 주몽이 활을 잘 쏘니 백성들이 따르고 있어. 당장 없애 버려야겠어."

금와왕의 아들 대소 왕자는 주몽에게 왕의 자리를 빼앗길 것이 두려웠습니다. 그래서 주몽을 시기하고 죽이려 했습니다.

"네 목숨이 위험하니 내 걱정은 하지 말고 멀리 떠나도록 하여라."

주몽은 어머니의 말을 따르기로 하였습니다. 주몽은 오이, 마리, 협부와 함께 말을 타고 동부여를 떠났습니다. 이윽고 주몽은 강 앞에 다다랐습니다. 뒤로는 대소 왕자의 군사들이 쫓아오고 있었지요. 다급해진 주몽은 강물을 향해 큰 소리로 외쳤습니다.

"난 천제의 손자이며, 강의 신 하백의 외손자이다. 강을 건널 수 있게 해 다오."

그때 강 위로 수많은 자라와 물고기가 나타나 몸을 이어 다리를 만들었어요. 주몽 일행은 무사히 강을 건넜답니다. 주몽은 졸본 땅에 이르러 나라를 세우고 이름을 '고구려'라 하였습니다. 기원전 37년, 그때 주몽은 열두 살이었습니다.

작품의 전체 줄거리

하백의 딸 유화는 천제의 아들 해모수와 사귀지만 해모수로부터 버림을 당하고 하백에게 쫓겨나 우발수에서 살게 됨.	유화가 금와왕을 만나 자신은 하백의 딸인데 이곳에 귀양 와 살고 있다고 말하자, 금와왕은 유화를 궁궐로 데려와 살게 함.	얼마 후, 유화가 알을 낳았는데 그 알은 짐승에게 주면 품어 주었고 도끼로 쳐도 깨지지 않아 금와왕은 유화에게 알을 돌려줌.	수록지문 금와왕의 아들 대소 왕자가 알에서 태어난 주몽을 시기하여 죽이려 하자 주몽은 동부여를 떠나 졸본 땅에 이르러 고구려를 세움.

어휘 뜻

- **백발백중(**百 일백 백, 發 필 발, 百 일백 백, 中 가운데 중) 백 번 쏘아 백 번 맞힌다는 뜻으로, 총이나 활 따위를 쏠 때마다 겨눈 곳에 다 맞음을 이르는 말.

- **시기하고** 남이 잘되는 것을 샘하여 미워하고.

- **다급해진** 일이 바싹 닥쳐서 매우 급하게 된.

- **천제(**天 하늘 천, 帝 임금 제) 하느님.

어휘 퀴즈 다음 뜻을 지닌 낱말을 찾아 ✔표 하세요.

1 남이 시키지 아니하였는데도 자기의 결심에 따라서.

☐ 그대로 ☐ 스스로 ☐ 제대로

2 아무 탈 없이 편안하게.

☐ 무사히 ☐ 간단히 ☐ 무참히

5 이 글의 내용으로 알맞지 <u>않은</u> 것은 무엇인가요? (   )

① 알에서 태어난 주몽은 활을 잘 쏘았다.

② 대소 왕자는 주몽을 시기하여 죽이려 했다.

③ 주몽은 어머니의 말에 따라 동부여를 떠났다.

④ '주몽'이라는 이름은 말을 잘 타는 사람이라는 뜻이다.

⑤ 주몽이 강을 건널 때 수많은 자라와 물고기가 다리를 만들어 주었다.

6 다음은 주몽의 가족 관계를 나타낸 것입니다. 빈 곳에 알맞은 이름을 쓰세요.

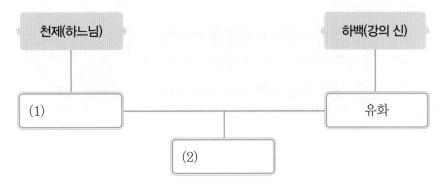

7 졸본 땅에 이르러 주몽이 세운 나라의 이름은 무엇인지 쓰세요.

(   )

30초 요약

8 다음 빈칸에 알맞은 말을 넣어 "고구려를 세운 주몽"의 핵심 내용을 한 문장으로 요약하세요.

알에서 태어난 ☐☐은 대소 왕자의 시기를 받아 동부여를 떠났고, ☐ ☐ 땅에 ☐☐☐를 세웠습니다.

3주

독해 속 어휘 마무리!

1 다음 글을 읽고, (   )에 공통으로 들어갈 낱말을 완성하세요.

(1)
① 어여쁜 신부가 머리에 면사포를 (   ).
(뜻) 모자 따위를 머리에 얹어 덮었다.

② 오늘 학용품을 사는 데에 많은 돈을 (   ).
(뜻) 어떤 일을 하는 데 시간이나 돈을 들였다.

써 ㄷ

(2)
① 슬아는 차근차근 이야기를 (   ) 가기 시작했다.
(뜻) 생각이나 이야기 따위를 말하여.

② 형은 수학 문제를 잘 (   ) 갔다.
(뜻) 모르거나 복잡한 문제 따위를 알아내거나 해결해.

ㅍ ㅇ

(3)
① 그 과학자는 미생물을 연구의 (   )으로 삼았다.
(뜻) 어떤 일의 상대 또는 목표나 목적이 되는 것.

② 형이 미술 대회에서 1등을 하여 (   )을 받았다.
(뜻) 여러 가지 상 가운데 가장 큰 상.

ㄷ ㅅ

2 다음 문장을 잘 읽어 보고, 두 개 중 맞춤법에 맞는 낱말을 찾아 ○표 하세요.

(1) [왠 / 웬] 까닭인지 몰라 어리둥절하였다.

(2) 올림픽을 [계기 / 개기]로 사회 체육에 대한 관심이 높아졌다.

(3) 이것은 자연의 아름다움을 [주재 / 주제]로 한 그림입니다.

(4) 처마 밑에 [매달린 / 매돌린] 종이 바람에 흔들린다.

(5) 천연자원을 [계발 / 개발]하는 것도 좋은 방법이다.

(6) 우리는 가까이에 있는 행복을 [잊고 / 잃고] 살기 쉽다.

3 다음 그림과 설명을 보고, 밑줄 친 곳에 들어갈 낱말을 •보기•에서 찾아 써넣으세요.

> ┌─**보기**─────────────────────────────
> 　풍습　　공존　　생동감　　습도　　생태계　　기법
> └─────────────────────────────────

(1) 아이들이 뛰어노는 모습에서 _____ 이/가 느껴진다.

(2) _____ 이/가 파괴되는 것을 막아야 한다.

(3) 추석에는 송편을 빚는 _____이/가 있다.

3주
5일

4 다음 밑줄 친 낱말의 비슷한말을 완성하세요.

(1)
> 민결이와 준형이는 친형제처럼 <u>친근한</u> 사이이다.
> 함께 어려움을 겪고 나니 더 ㅊ ㅁ ㅎ 관계가 되었다.

(2)
> 이제 누나의 <u>조언</u>을 받아들이기로 했다.
> 우리는 선생님께 글쓰기에 대한 ㄷ ㅇ ㅁ 을 들었다.

(3)
> 환경을 <u>보전</u>해야 우리의 미래도 밝아진다.
> 땅을 가꾸고 ㅂ ㅎ 하여 후손에게 물려주어야 한다.

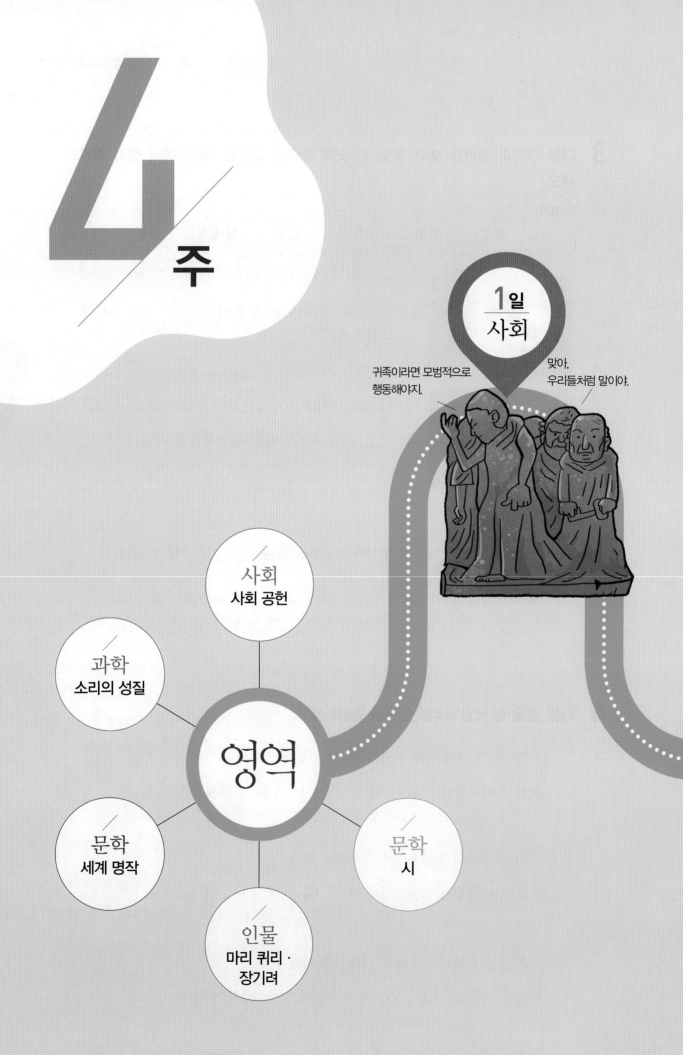

지문 분석 강의

노블레스 오블리주

사회
사회 공헌

"노블레스 오블리주"라는 말은 프랑스어로, 사회적으로 높은 위치에 있는 사람들은 그에 알맞은 도덕적 의무를 다해야 한다는 뜻입니다.

노블레스 오블리주의 전통은 로마 시대부터 시작되었습니다. 로마에서 왕과 귀족들이 국가나 사회를 위한 일을 하는 것은 의무이자 명예로 여겨졌답니다. 그래서 누가 시키지 않아도 앞다투어 그러한 일을 했습니다. 특히 귀족들은 전쟁이 일어나면 ㉠남보다 앞장서서 참여하는 모범을 보였습니다. 로마 제국이 2,000년 동안이나 이어진 힘은 바로 노블레스 오블리주 정신 때문이라고도 합니다.

이러한 정신은 서양 근대 사회로 이어졌습니다. 프랑스와 영국의 백 년 전쟁 때, 프랑스 칼레의 시민들은 영국에 끝까지 저항했습니다. 전쟁에서 승리한 영국 왕은 칼레 시민들을 모두 살려 주는 대신 시민 여섯 명만 처형하겠다고 하였습니다. 그러자 칼레의 최고 부자인 외스타슈드가 자신이 처형되겠다고 나섰습니다. 뒤이어 시장인 장데르, 두 번째 부자인 위쌍과 그의 아들, 이들에게 감격한 시민 세 명까지 총 일곱 명이 모였습니다. 영국 왕은 그들 중 한 명을 제외하라고 했지요. 이들은 다음 날 가장 늦게 처형장에 도착하는 사람을 제외하기로 했습니다. 그런데 다음 날 외스타슈드는 처형장에 나타나지 않았습니다. 그는 여섯 명에게 명예를 양보하고 자신은 스스로 목숨을 끊은 것입니다.

현대 사회에서도 노블레스 오블리주 정신은 계층 간의 대립을 해결할 수 있는 가장 좋은 방법이 될 것입니다. 흩어진 국민의 마음을 하나로 합하고 나라의 힘을 키우기 위해서 사회 지도층 사람들의 앞장서는 자세가 필요합니다.

▲ 칼레의 시민들 동상

어휘 뜻

- **명예** 세상에서 훌륭하다고 인정되는 이름이나 자랑. 또는 그런 존엄이나 품위.
- **모범** 본받아 배울 만한 대상.
- **백 년 전쟁** 1337년부터 1453년까지 백여 년 동안 영국과 프랑스가 여러 차례 일으킨 전쟁.
- **저항** 어떤 힘이나 조건에 굽히지 아니하고 거역하거나 버팀.

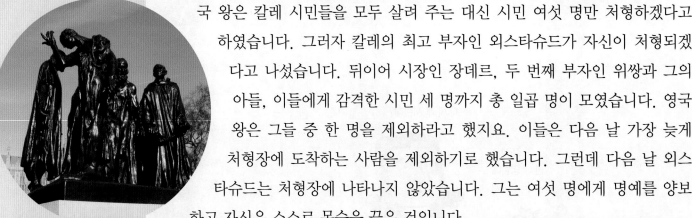

어휘 퀴즈 다음 뜻을 지닌 낱말을 찾아 ✔표 하세요.

❶ 사람으로서 마땅히 하여야 할 일.

☐ 이익　　　☐ 권리　　　☐ 의무

❷ 의견이나 처지, 속성 따위가 서로 반대되거나 모순됨.

☐ 대립　　　☐ 대결　　　☐ 설립

1 이 글에서 노블레스 오블리주에 대해 말한 내용이 <u>아닌</u> 것은 무엇인가요?

(   )

① 로마 시대 때부터 시작되었다.

② 현대 사회에서는 필요 없는 정신이다.

③ 백 년 전쟁 때 칼레 시민들이 실천한 정신이다.

④ 사회 지도층이 실천해야 할 도덕적 의무를 말한다.

⑤ 계층 간의 대립을 해결할 수 있는 가장 좋은 방법이 될 것이다.

2 ㉠의 뜻에 해당하는 한자어로 알맞은 것은 무엇인가요? (   )

① 우왕좌왕   ② 오합지졸

③ 지피지기   ④ 솔선수범

⑤ 이심전심

3 다음 중 노블레스 오블리주를 실천한 예로 알맞은 것은 무엇인가요? (   )

① 베토벤은 귀족을 위해 아름다운 음악을 만들었다.

② 심청이 아버지의 눈을 뜨게 하려고 인당수에 빠졌다.

③ 마리 퀴리는 연구에 열중하여 노벨 화학상을 받았다.

④ 조선 시대의 김정호는 평생 동안 지도 만드는 일을 하였다.

⑤ 영국과 아르헨티나의 전쟁 때, 영국의 왕자 앤드루가 앞장서서 전투 헬기 조종
사로 전쟁에 참여하였다.

30초 요약

4 다음 빈칸에 알맞은 말을 넣어 "노블레스 오블리주"의 핵심 내용을 한 문장으로
요약하세요.

노블레스 ☐☐☐ 는 사회적으로 높은 위치에 있는 사람들에게 알

맞은 도덕적 ☐☐ 를 말하는 것으로, 현대 사회에서도 계층 간의 ☐☐

을 해결할 수 있는 정신입니다.

사회
사회 공헌

여섯 가지 가훈

우리 옛말에 '삼대 부자 없다.'라는 말이 있습니다. 삼대에 걸쳐서 계속 부자로 살기가 어렵다는 말입니다. 그런데 우리나라에 12대에 걸쳐 부를 이어 온 가문이 있습니다. 바로 경주 최 부잣집입니다. 경주 최씨 17대손인 최진립에서 28대손 최준에 이르기까지 200년 동안 만석꾼을 유지해 온 가문이지요. 그 비결은 무엇일까요?

최 부잣집에는 여섯 가지 가훈이 전해 오고 있습니다. 첫째, 과거를 보되 진사 이상은 하지 마라. 이는 높은 관직은 집안의 명예이지만 권력 때문에 집안이 망할 위험도 높아지기 때문입니다. 둘째, 재산은 만 석 이상 모으지 마라. 필요 이상으로 많은 재물은 사회에 환원하라는 뜻이 숨어 있습니다. 풍년이 들면 소작농에게 그 혜택을 돌려주라는 것입니다. 셋째, 흉년에는 재산을 늘리지 마라. 남의 불행을 이용해 재산을 늘리지 말고 정당한 방법을 통해 재산을 늘리라는 뜻입니다. 넷째, 지나가는 나그네를 넉넉하게 대하라. 열린 마음을 중요시했다는 의미입니다. 다섯째, 주변 백 리 안에 굶어 죽는 사람이 없게 하라. 흉년이 들면 최 부잣집에서는 앞마당에 큰 솥을 걸고 굶주린 사람들에게 죽을 끓여 나누어 주었다고 합니다. 부자라기보다 자선가라는 표현이 더 어울리는 듯합니다. 여섯째, 최씨 가문의 며느리들은 시집온 후 3년간 무명옷을 입게 하라. 값비싼 비단 대신 수수한 무명으로 만든 옷을 입게 한 것은 며느리들에게 절약하고 ⑦ 을 하게 하려는 뜻입니다.

최 부잣집이 부자가 된 비결을 잘 알았나요? 우리도 부자가 된다면 돈만 많은 부자가 아니라 존경받는 부자, 사회적 책임을 다하는 부자가 되어야 하지 않을까요?

어휘 뜻

- **삼대**(三 석 삼, 代 대신할 대) 아버지, 아들, 손자의 세 대.

- **만석꾼** 곡식 만 섬가량을 거두어들일 만한 논밭을 가진 큰 부자를 비유적으로 이르는 말.

- **진사** 조선 시대에, 과거의 예비 시험인 소과의 복시에 합격한 사람에게 준 칭호. 또는 그런 사람.

- **환원** 본디의 상태로 다시 돌아감. 또는 그렇게 되게 함.

- **소작농** 일정한 소작료를 지급하며 다른 사람의 농지를 빌려 짓는 농사. 또는 그런 농민.

- **흉년** 농사가 잘되지 못한 해.

- **솥** 밥을 짓거나 국 따위를 끓이는 그릇.

- **자선가** 남에게 은혜를 베풀어 도와주는 사람.

어휘 퀴즈 다음 뜻을 지닌 낱말을 찾아 ✔표 하세요.

❶ 한 집안의 조상이나 어른이 자손들에게 일러 주는 가르침.
☐ 교훈　　　☐ 가훈　　　☐ 훈화

❷ 이치에 맞아 올바르고 마땅한.
☐ 당당한　　　☐ 정당한　　　☐ 부당한

5 다음 중 최 부잣집의 가훈이 <u>아닌</u> 것은 무엇인가요? (   )

① 나그네를 넉넉하게 대하라.
② 흉년에 재산을 많이 늘려라.
③ 재산은 만 석 이상 모으지 마라.
④ 과거를 보되 진사 이상은 하지 마라.
⑤ 주변 백 리 안에 굶어 죽는 사람이 없게 하라.

6 ㉠에 들어갈 알맞은 말은 무엇인가요? (   )

① 편안한 생활   ② 검소한 생활
③ 낭비하는 생활   ④ 사치스러운 생활
⑤ 고통스러운 생활

7 이 글을 읽고 떠오른 생각으로 알맞은 것을 두 가지 고르세요. (,   )

① 지나가는 나그네에게는 인색하게 대했다는 것이 많이 안타까워.
② 최 부잣집의 가훈은 '사회적 책임을 다하자.'는 우리 집 가훈과 비슷해.
③ 흉년이 들자 자신의 재산을 털어 제주도 백성을 구한 김만덕이 떠오르네.
④ 최 부잣집처럼 소작농을 괴롭히면 누구든지 부자가 될 수 있었을 것 같아.
⑤ 최 부잣집의 가훈처럼 살면 아주 큰 권력을 가지고 떵떵거리며 살 수 있을 것 같아.

30초 요약

8 다음 빈칸에 알맞은 말을 넣어 "여섯 가지 가훈"의 핵심 내용을 한 문장으로 요약하세요.

12대에 걸쳐 부를 이어 온 □□□□의 여섯 가지 □□은 부자의 사회적 □□을 보여 주고 있습니다.

지문 분석 강의

식물도 소리를 듣는다

과학
/ **소리의 성질**

'곡식은 농부의 발자국 소리를 듣고 자란다.'라는 말이 있다. 곡식을 키우는 사람의 사랑과 관심, 그리고 노력이 필요하다는 말일 것이다. 하지만 식물도 소리를 듣는다고 주장하는 사람들이 있다. 어떤 사람들은 식물에게 음악을 들려주고, 말을 걸기도 한다. 정말로 식물이 소리를 들을 수 있을까?

한 연구에 따르면 포도나무에 특정한 소리를 들려주면 포도의 색깔과 향이 좋아지고, 폴리페놀이라는 몸에 좋은 물질의 함유량이 늘어나며 포도를 맺는 속도도 빨라진다고 한다. 이것은 식물이 소리에 긍정적으로 반응한 결과이다.

식물과 소리에 관한 또 다른 연구도 있다. 미국의 하이디 아펠 박사는 배추흰나비 애벌레가 애기장대라는 식물의 잎을 갉아 먹는 소리를 녹음했다. 그런 다음 한쪽의 애기장대에는 배추흰나비 애벌레가 갉아 먹는 소리를 들려주고, 다른 한쪽에는 들려주지 않았다. 그 결과 배추흰나비 애벌레가 갉아 먹는 소리를 들려준 애기장대는 그렇지 않은 애기장대보다 더 많은 방어 물질을 내보냈다. 그러나 바람 소리나 애기장대에게 해롭지 않은 다른 곤충의 소리를 들려주었을 때에는 반응을 보이지 않았다. 이 연구를 통해 식물이 자신이 먹히는 소리를 들을 수 있을 뿐만 아니라 그에 대한 반응으로 방어 물질을 내보내 애벌레를 ㉠퇴치하기도 한다는 것이 밝혀졌다. 또한 [㉡   ] 사실도 알게 되었다.

우리는 식물이 듣는 '귀'도 없고 생각하는 '뇌'도 없다 생각해 함부로 여기곤 한다. 앞으로는 식물을 소중히 여기며 다정하게 말을 건네 보자. 우리의 목소리에 식물이 조용히 반응해 줄 것이다.

어휘 뜻

● **곡식** 사람의 식량이 되는 쌀, 보리, 콩, 조, 기장, 수수, 밀, 옥수수 따위를 통틀어 이르는 말.

● **특정(特** 특별할 특, **定** 정할 정)**한** 특별히 정하여져 있는.

● **반응** 자극에 대응하여 어떤 현상이 일어남. 또는 그 현상.

● **방어** 상대편의 공격을 막음.

어휘 퀴즈 다음 뜻을 지닌 낱말을 찾아 ◯표 하세요.

① 어떤 것에 마음이 끌려 주의를 기울임.

☐ 관계   ☐ 관심   ☐ 무심

② 물질이 어떤 성분을 포함하고 있는 분량.

☐ 작업량   ☐ 흡수량   ☐ 함유량

1 이 글에서 말한 포도나무가 특정한 소리에 반응하여 일어난 일이 <u>아닌</u> 것은 무엇 인가요? (   )

① 포도의 향이 좋아진다.

② 포도의 색깔이 좋아진다.

③ 포도가 더 크고 단단해진다.

④ 폴리페놀 함유량이 늘어난다.

⑤ 포도를 맺는 속도가 빨라진다.

2 ㉠을 알맞게 사용하여 말한 친구의 이름을 모두 쓰세요.

> 재희: 악당을 퇴치하는 정의의 용사가 될 거야.
>
> 세율: 올해 여름이 너무 더워서 거실에 에어컨을 퇴치했어.
>
> 주원: 주말에는 온 가족이 모여 파리와 모기를 퇴치하기로 했어.

(   ), (   )

4주 · 2일

3 ㉡에 들어갈 내용을 알맞게 짐작한 것의 기호를 쓰세요.

> ㉮ 식물이 바람 소리를 좋아한다는
>
> ㉯ 식물이 자신을 갉아 먹는 애벌레의 생김새를 안다는
>
> ㉰ 식물이 자신을 갉아 먹는 소리와 다른 소리를 구분할 줄 안다는

(   )

30초 요약

4 다음 빈칸에 알맞은 말을 넣어 "식물도 소리를 듣는다"의 핵심 내용을 한 문장으로 요약하세요.

식물이 소리에 긍정적으로 반응하거나 ☐☐ 물질을 내보내 애벌레를 ☐☐ 하는 것을 통해 식물도 ☐☐ 를 듣는다는 것을 알 수 있습니다.

유리병 실로폰

악기가 없어도 음악을 연주할 수 있을까요? 유리병과 쇠젓가락, 물만 있으면 가능합니다. 이렇게 간단한 준비물로 재미있는 유리병 실로폰을 만들어 봅시다.

먼저 똑같은 유리병 여러 개를 늘어놓습니다. 그리고 각각의 유리병마다 모두 다른 양의 물을 담습니다. 그다음, 쇠젓가락으로 유리병을 두들겨 봅니다. 그러면 유리병에 담긴 물의 양에 따라 다른 소리가 납니다. 물이 많이 담긴 병에서는 낮은 소리가 납니다. 적게 담긴 병에서는 높은 소리가 납니다. 이렇게 물을 더 넣거나 빼면서 물의 양을 조절하여 도, 레, 미, 파, 솔, 라, 시, 도의 음계를 맞춥니다. 그리고 낮은 음에서 높은 음 순서대로 병을 배열합니다.

소리는 물체가 진동하여 생긴 음파가 공기를 통과하여 귀청을 울리어 들리는 것을 말합니다. 목에 손을 대고 말을 해 보세요. 성대가 떨리는 걸 느낄 수 있습니다. 즉, 소리를 내려면 물체를 진동시켜야 한다는 것이지요. 소리에는 높낮이가 있습니다. 소리의 높이는 진동수에 따라 다릅니다. 진동수란 음파가 1초 동안 진동한 횟수를 말합니다. 진동한 횟수가 많을수록 높은 음을 내고, 적을수록 낮은 음을 냅니다. 유리병 실로폰은 병 안에 담긴 공기가 진동하면서 병의 표면과 부딪혀서 소리가 나는 것입니다. 유리병 실로폰은 병에 넣은 물의 양을 조절함으로써 진동수를 바꿀 수 있습니다.

이제 유리병 실로폰을 연주해 보세요. 유리병 실로폰으로 연주하다 보면 병에 담긴 물의 양에 따라 달라지는 진동수를 느낄 수 있을 거예요.

어휘 뜻

- **연주** 악기를 다루어 곡을 표현하거나 들려 주는 일.
- **음계** 일정한 음정의 순서로 음을 차례로 늘어놓은 것.
- **진동하여** 흔들려 움직여.
- **음파(音** 소리 음, **波** 물결 파) 소리가 울려 퍼져 나가면서 생기는 공기의 흔들림.
- **귀청** 고막. 귓구멍 안쪽에 있는 막.

어휘 퀴즈 다음 뜻을 지닌 낱말을 찾아 ✔표 하세요.

1 할 수 있거나 될 수 있음.

☐ 가능 ☐ 효능 ☐ 불능

2 일정한 차례나 간격에 따라 벌여 놓음.

☐ 분열 ☐ 배열 ☐ 반열

5 이 글의 특징으로 알맞은 것은 무엇인가요? (   )

① 물로 할 수 있는 일을 쓴 글이다.

② 악기를 연주한 느낌을 자세히 나타낸 글이다.

③ 유리병 실로폰의 원리에 대해 설명하는 글이다.

④ 유리병과 쇠젓가락의 공통점과 차이점을 쓴 글이다.

⑤ 실로폰을 비롯한 여러 가지 악기 연주 방법을 소개하는 글이다.

6 유리병 실로폰을 만드는 순서대로 기호를 쓰세요.

> ㉮ 각각의 유리병에 모두 다른 양의 물을 채운다.
> ㉯ 속이 비어 있는 똑같은 유리병 여러 개를 늘어놓는다.
> ㉰ 쇠젓가락으로 유리병을 치면서 물의 양을 조절하여 음을 맞춘다.

(   ) → (   ) → (   )

4주 · 2일

7 이 글을 읽고 알게 된 내용을 바르게 말한 것을 두 가지 고르세요. (,   )

① 소리의 높이는 항상 일정해.

② 물이 적게 담긴 병은 낮은 소리가 나.

③ 소리는 물체의 진동에 의해서 생기는 거야.

④ 병에 넣은 물의 양이 달라도 진동수는 항상 같아.

⑤ 물이 많이 담긴 병은 진동수가 적어서 낮은 소리가 나는 거야.

30초 요약

8 다음 빈칸에 알맞은 말을 넣어 "유리병 실로폰"의 핵심 내용을 한 문장으로 요약하세요.

병 안에 담긴 공기가 ⬜⬜하면서 소리가 나는 유리병 ⬜⬜⬜은 병에 담긴 물의 양에 따라 ⬜⬜의 높낮이가 달라집니다.

걸리버 여행기

조너선 스위프트

며칠 후, 걸리버는 릴리펏 임금님의 부름을 받아 궁전에 갔습니다.

"사람산, 덕분에 우리 해군은 아주 강력해졌소. 그런데 부탁이 하나 더 있소."

"무슨 부탁이십니까?"

"브리퍼스큐의 나머지 소형 군함을 빼앗아 왔으면 좋겠소."

"임금님, 이제 브리퍼스큐는 힘이 없습니다."

"하지만 나는 브리퍼스큐 섬을 통째로 차지하고 싶소."

임금님에게 실망한 걸리버는 딱 잘라 거절했습니다.

㉠"임금님, 저는 브리퍼스큐와 릴리펏이 사이좋게 지내야 한다고 생각합니다."

임금님은 매우 기분이 상했습니다. 걸리버가 돌아가고 나자, 볼고람 해군 대신은 걸리버를 헐뜯었습니다.

"임금님의 명령을 거역하다니요. 걸리버가 거만해졌습니다."

임금님은 잔뜩 찌푸린 얼굴로 고개를 끄덕였습니다.

한편, 브리퍼스큐 왕국은 평화 조약을 맺기 위해 사신 6명을 보내 왔습니다. 하지만 릴리펏 임금님은 자기 나라에 이익이 되는 조건만 늘어놓았습니다.

돌아가는 길에 브리퍼스큐 사신들은 걸리버를 찾아왔습니다.

㉡"사람산님, 저희 브리퍼스큐 임금님께서 당신을 초대하셨습니다."

걸리버는 사신들이 돌아가자마자 브리퍼스큐에 가고 싶다고 릴리펏 임금님께 부탁했습니다.

어휘 뜻

- **군함** 해군에 소속되어 있는 배.

- **헐뜯었습니다** 남을 해치려고 헐거나 해쳐서 말했습니다.

- **거만해졌습니다** 잘난 체하며 남을 업신여기는 데가 있어졌습니다.

- **조약**(條 가지 조, 約 맺을 약) 국가 간의 권리와 의무를 국가 간의 합의에 따라 법적 구속을 받도록 규정하는 행위.

작품의 전체 줄거리

수록 지문 걸리버는 소인국 릴리펏에 도착했고, 걸리버는 브리퍼스큐와의 전쟁에 적극 참가하기를 거부함.

정치가들의 모함으로 반역죄의 재판을 받은 걸리버는 이웃 나라로 탈출했고, 거기서 영국으로 귀국함.

다시금 항해에 나선 걸리버는 거인의 나라에 표류해 농부의 애완동물이 되어 살다가 왕궁으로 가게 됨.

큰 새가 걸리버를 넣어 둔 새장을 바다 위에서 떨어뜨려서 목숨을 구한 걸리버는 영국으로 귀국함.

어휘 퀴즈 다음 뜻을 지닌 낱말을 찾아 ✔표 하세요.

❶ 나누지 아니한 덩어리 전부로.

☐ 일부만   ☐ 통째로   ☐ 각각

❷ 윗사람의 뜻이나 지시 따위를 따르지 않고 거스름.

☐ 거역   ☐ 부탁   ☐ 복종

1 걸리버가 임금님의 부탁을 거절한 까닭은 무엇인가요? (　　　)

① 브리퍼스큐 편에 서기로 결심했기 때문이다.

② 릴리펏을 배신하고 도망치려고 생각했기 때문이다.

③ 볼고람 해군 대신이 그렇게 하라고 시켰기 때문이다.

④ 브리퍼스큐와 사이좋게 지내야 한다고 생각했기 때문이다.

⑤ 걸리버가 스스로 릴리펏 임금이 되려고 생각했기 때문이다.

2 ㉠과 ㉡은 어떻게 읽으면 실감 나겠는지 알맞은 것을 찾아 선으로 이으세요.

(1)　　·　　·㉮　단호한 목소리로

(2)　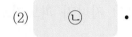　·　　·㉯　공손한 목소리로

4주·3일

3 다음은 누구에 대한 설명인지 알맞은 인물을 찾아 ○표 하세요.

> • 욕심이 많은 성격이다.
> • 다른 사람에게 무리한 부탁을 하였다.

(걸리버, 릴리펏 임금님, 해군 대신)

30초 요약

4 다음 빈칸에 알맞은 말을 넣어 "걸리버 여행기"의 핵심 내용을 한 문장으로 요약
하세요.

걸리버는 　　　　　 임금의 지나친 요구에 더 이상 전쟁을 하지 않겠다
고 결심하고 　　　　　　로 가고 싶어 했습니다.

피노키오의 모험

카를로 콜로디

"저기 '바보 마을'을 지나면 바로 요술 들판이야."

바보 마을에는 아름다운 날개나 꼬리를 내다 팔아 버린 나비와 공작들, 그리고 옛날을 그리워하며 사는 초라한 곤충과 동물들로 가득했습니다. 피노키오는 곤충과 동물들을 보니 걸음이 무거워졌습니다.

"자, 다 왔어. 여기에 금화를 하나씩 묻고 저기 있는 샘물을 좀 퍼다 부어."

요술 들판에 도착한 피노키오는 여우가 시키는 대로 했습니다.

"자, 이젠 한 시간쯤 마을을 구경하고 오면 되겠구나. 그럼, 우리는 간다."

여우와 고양이는 싱글벙글 벌어지는 입을 억지로 다물며 인사했습니다.

"고마워요. 안녕!"

마을로 온 피노키오는 마음이 조마조마해서 자꾸 요술 들판 쪽을 바라보았습니다. 길고 긴 한 시간이 지나자 피노키오는 요술 들판으로 급히 달려갔습니다.

"어? 분명히 이 나무 옆이었는데……."

피노키오는 큰 나무 주위를 이리저리 살펴보았습니다. 그때, 갑자기 나무 위에 앉아 있던 앵무새 한 마리가 깔깔거렸습니다.

"이 바보야, 금화에서 어떻게 싹이 나니? 여우와 고양이가 너를 속이고, 금화 네 닢을 고스란히 훔쳐 간 거라고! 하하하."

피노키오는 손이 얼얼해지도록 땅을 파 보았지만 금화는 보이지 않았습니다.

어휘 뜻

- **공작** 꿩과의 새. 꿩과 비슷하나 깃이 매우 화려하고 몸이 큼.

- **초라한** 보잘것없고 변변하지 못한.

- **조마조마해서** 닥쳐올 일에 대하여 염려가 되어 마음이 초조하고 불안해서.

작품의 전체 줄거리

피노키오는 제페토가 외투를 팔아서 사 준 책을 끼고 학교에 가다가 인형놀이판에 끌려서 구경을 함.	**수록지문** 인형놀이판 주인이 금화를 주어 집으로 돌아오는데 여우와 고양이에게 속아서 금화를 잃게 됨.	피노키오는 또다시 나쁜 애들을 만나서 장난감 나라에 가서 놀다가 당나귀가 되어 서커스장에 팔림.	피노키오는 제페토를 찾으러 바닷가로 나갔다가 고래에게 잡아먹힌 뒤에 제페토를 구하고 사람이 됨.

어휘 퀴즈 다음 뜻을 지닌 낱말을 찾아 ✔표 하세요.

❶ 이치나 조건에 맞지 아니하게 강제로.

☐ 스스로 ☐ 임의로 ☐ 억지로

❷ 건드리지 아니하여 조금도 축이 나거나 변하지 아니하고 그대로 온전한 상태로.

☐ 마땅히 ☐ 아스라이 ☐ 고스란히

5 이 글에서 일어난 일로 알맞지 <u>않은</u> 것은 어느 것인가요? (   )

① 앵무새는 피노키오를 도와 금화를 찾아 주었다.

② 바보 마을에는 초라한 곤충과 동물들로 가득했다.

③ 피노키오는 바보 마을을 지나 요술 들판으로 갔다.

④ 피노키오는 나무 옆에 금화를 묻고 샘물을 부었다.

⑤ 여우와 고양이는 피노키오를 속이고 금화를 훔쳐 갔다.

6 여우와 고양이의 성격으로 알맞은 것은 어느 것인가요? (   )

① 착하다.   ② 순진하다.

③ 성실하다.   ④ 교활하다.

⑤ 소심하다.

7 이 글에서 피노키오의 마음은 어떻게 바뀌었을까요? (   )

① 기쁨 → 그리움   ② 슬픔 → 행복함

③ 불안함 → 속상함   ④ 미안함 → 즐거움

⑤ 반가움 → 무서움

30초 요약

8 다음 빈칸에 알맞은 말을 넣어 "피노키오의 모험"의 핵심 내용을 한 문장으로 요약하세요.

피노키오는 ☐☐ 와 ☐☐☐ 에게 속아 ☐☐ 네 잎을 나무 옆에 묻었다가 잃어버리고 말았습니다.

지문 분석 강의

인물
/ 마리 퀴리

판테온에 묻힌 마리 퀴리

마리 퀴리는 1867년 11월 7일, 폴란드에서 태어났습니다. 마리 퀴리가 태어날 당시 폴란드는 러시아의 지배를 받고 있었습니다. 러시아는 폴란드의 문화를 무시했고, 폴란드 말 수업도 할 수 없게 했지요.

마리는 책 읽고 공부하는 것을 좋아했어요. 대학에 들어가 과학자가 되고 싶었지요. 하지만 폴란드의 대학에서는 여학생을 받아 주지 않았어요. 게다가 집안 형편도 넉넉하지 못했어요. 마리는 일을 하며 파리에서 공부를 하는 언니에게 돈을 보냈어요. 언니는 대학을 졸업하자 마리의 뒷바라지를 했지요.

프랑스의 소르본 대학에 들어간 마리는 열심히 공부하여 첫 여성 물리학 박사가 되었습니다. 그리고 대학에서 평생의 동반자 피에르 퀴리를 만났습니다. 피에르도 과학자였지요. 두 사람은 1895년에 결혼했답니다.

마리는 피에르와 우라늄을 연구하다가 방사능 원소 '폴로늄'과 '라듐'을 발견했습니다. 그리고 이 공로로 1903년 마리 부부는 노벨 물리학상을 받았습니다. 마리는 여기서 멈추지 않고 라듐을 분리해 내는 일을 시작했어요. 아주 어려운 일이었지만 마침내 라듐을 분리해 냈고 마리는 노벨 화학상을 받았습니다.

하지만 몸에 해로운 방사선을 오랫동안 연구하던 마리는 백혈병에 걸리고 말았어요. 그리고 1934년 7월 4일, 세상을 떠났습니다. 아인슈타인은 마리의 죽음을 슬퍼하며 "명예 때문에 순수함을 잃지 않은 하나뿐인 사람"이라고 말했습니다. 1995년 마리 부부는 프랑스의 국가적 위인들만이 묻힐 수 있는 국립 묘지 판테온에 묻히게 되었습니다.

어휘 뜻

● 마리 퀴리 폴란드 태생의 프랑스 물리학자.

● 폴란드 동유럽 북부에 있는 공화국.

● 물리학 자연 과학의 한 부문. 물질의 성질·운동·현상 등을 연구하는 학문.

● 동반자 어떤 행동을 할 때 짝이 되어 함께하는 사람.

● 방사능 라듐, 우라늄, 토륨 따위의 원자가 스스로 붕괴하면서 방사선을 내보내는 성질. 또는 그 현상.

어휘 퀴즈 다음 뜻을 지닌 낱말을 찾아 ✔표 하세요.

❶ 어떤 사람이나 집단, 조직, 사물 등을 자기의 의사대로 복종하게 하여 다스림.
☐ 경배　　☐ 지배　　☐ 재배

❷ 뒤에서 보살피며 도와주는 일.
☐ 뒷걸음질　　☐ 뒷바라지　　☐ 동반자

1 이 글에 대한 설명으로 알맞은 것은 무엇인가요? (　　　　)

① 자신의 삶을 기록한 일기문이다.

② 위대한 사람의 일생을 쓴 전기문이다.

③ 실제 일어난 일이 아닌 꾸며 낸 이야기이다.

④ 마리의 위대함을 주장하기 위한 논설문이다.

⑤ 폴란드에서 프랑스까지 여행하며 쓴 기행문이다.

2 마리 퀴리에게 일어난 일을 순서대로 정리하여 기호를 쓰세요.

> ㉮ 폴란드에서 태어남.
> ㉯ 피에르 퀴리를 만나 결혼함.
> ㉰ 백혈병에 걸려 세상을 떠남.
> ㉱ 라듐을 분리해 노벨 화학상을 받음.
> ㉲ 폴로늄과 라듐을 발견해 노벨 물리학상을 받음.
> ㉳ 소르본 대학에 들어가 첫 여성 물리학 박사가 됨.

㉮ → (　　　　　　) → ㉯ → (　　　　　　) → (　　　　　　) → ㉰

3 이 글을 읽고 자신의 생각이나 느낌을 알맞게 말한 친구의 이름을 쓰세요.

> 현우: 마리 퀴리가 남편을 뒷바라지하기 위해 자신의 연구는 제쳐 두고 집안일
> 　에만 집중한 것은 요즘 시대에는 맞지 않는 것 같아.
> 준희: 가정 형편이 좋지 않고 자신의 나라에서는 대학에 갈 수 없는데도 포기하
> 　지 않고 첫 여성 물리학 박사가 된 마리 퀴리의 열정을 본받고 싶어.

(　　　　　　　　　)

🕐 **30초 요약**

4 다음 빈칸에 알맞은 말을 넣어 "판테온에 묻힌 마리 퀴리"의 핵심 내용을 한 문장으로 요약하세요.

방사능 원소인 ☐☐☐과 ☐☐을 발견한 마리 퀴리는 프랑스의

위인들만 묻힐 수 있는 국립 묘지 ☐☐☐에 묻혔습니다.

4주
·
4일

바보 의사 장기려

장기려는 1911년 8월 평안북도 용천에서 태어났습니다. 의사가 되고 싶었던 장기려는 경성의학전문학교를 졸업하고 의사가 되었어요. 장기려는 입학 당시 '가난하고 불쌍한 환자들의 의사가 되겠다.'고 다짐했지요.

1950년, 한국 전쟁이 일어났습니다. 장기려는 북쪽에 아내와 5남매를 남겨 두고 둘째 아들만 데리고 남쪽으로 내려왔어요. 평양에 있을 때나 부산에 있을 때나 장기려는 변함없이 소외된 사람들을 무료로 치료해 주었습니다. 가난한 환자의 수술비를 내 주기도 하고 밤에 몰래 병원 문을 열어 돈이 없는 환자를 탈출시키기도 했어요. 또 자신의 월급도 어려운 사람들에게 나누어 주었어요.

전쟁이 일어난 지 10여 년이 지났지만 국민들의 가난한 생활은 크게 나아지지 않았어요. 아무리 아파도 병원에 갈 수 없는 사람들이 많았지요.

"혼자만의 힘으로 많은 환자들을 다 도울 수는 없어."

장기려는 그들을 도울 또 다른 방법을 생각했어요. 그는 1968년 더 많은 사람들에게 의료 혜택을 주기 위해 청십자 의료 보험 조합을 설립했어요. 조합에 가입하여 매달 조금씩 돈을 내면 병원에서 무료로 치료를 받을 수 있었지요. 이렇게 소외된 사람들을 위해 봉사하는 삶을 살았던 장기려는 사회 봉사 활동에 대한 공로를 인정받아 1979년 막사이사이 사회 봉사상을 받았습니다.

1995년 12월 25일 새벽, 장기려는 숨을 거두었습니다. 한평생 의사로 헌신하고 봉사하는 삶을 살았지만 작은 집 한 채도, 자기가 묻힐 땅 한 평도 없었습니다. 가진 것을 모두 병든 사람을 치료하고 가난한 사람들을 돕는 데 써 버렸기 때문이지요. 그가 남겨 놓은 것은 '바보 의사'라는 이름뿐이었습니다.

어휘 퀴즈 다음 뜻을 지닌 낱말을 찾아 ✔표 하세요.

1 요금이 없음.

☐ 유료   ☐ 급료   ☐ 무료

2 몸과 마음을 바쳐 있는 힘을 다함.

☐ 헌신   ☐ 한심   ☐ 현신

5 장기려가 의료 보험 조합을 설립한 까닭은 무엇인가요? (   )

① 의사라는 직업을 그만두기 위하여

② 보험료를 받아서 더 큰 병원을 짓기 위하여

③ 더 많은 사람들에게 의료 혜택을 주기 위하여

④ 돈을 벌어 자신이 살 집과 땅을 마련하기 위하여

⑤ 가난한 사람들이 병원에 오지 못하도록 막기 위하여

6 이 글에서 장기려가 받은 상의 이름을 찾아 쓰세요.

(   )

4주·4일

7 장기려가 추구하는 삶의 태도를 두 가지 고르세요. (,   )

① 쉽게 포기하지 않는 삶을 추구한다.

② 물질적으로 풍요로운 삶을 추구한다.

③ 생각과 말이 다른 이중적인 삶을 추구한다.

④ 소외된 사람들을 위해 봉사하는 삶을 추구한다.

⑤ 사람들에게 자신의 실력을 인정받기 위해 최선을 다하는 삶을 추구한다.

30초 요약

8 다음 빈칸에 알맞은 말을 넣어 "바보 의사 장기려"의 핵심 내용을 한 문장으로 요약하세요.

가난한 환자들을 위해 살기로 결심한 ☐☐☐는 한평생 의사로서 헌신

하고 ☐☐하는 삶을 살아 ☐☐ 의사라는 이름을 남겼습니다.

5일

문학
／시(전래 동요)

지문 분석 강의

나무 타령

청명 한식에 나무 심으러 가자.
무슨 나무 심을래.
십 리 절반 오리나무
열의 갑절 스무나무
대낮에도 밤나무
방귀 뀌어 뽕나무
오자마자 가래나무
깔고 앉아 구기자나무
거짓 없어 참나무
그렇다고 치자나무
칼로 베어 피나무
네 편 내 편 양편나무
입 맞추어 쪽나무
너하고 나하고 살구나무
이 나무 저 나무 내 밭두렁에 내나무

어휘 뜻

● **청명** 이십사절기의 하나. 춘분과 곡우의 사이에 들며, 4월 5일 무렵임.

● **한식** 우리나라 명절의 하나. 동지에서 105일째 되는 날로서 4월 5일이나 6일쯤이 됨.

어휘 퀴즈 다음 뜻을 지닌 낱말을 찾아 ✓표 하세요.

❶ 어떤 수나 양을 두 번 합한 만큼.

☐반절 ☐갑절 ☐절감

❷ 밭의 가장자리를 흙으로 둘러막은 두둑.

☐밭고랑 ☐밭두렁 ☐논두렁

1 이 글을 잘못 이해한 친구는 누구인가요? (　　　)

① 주현: 이 노래의 중심 소재는 나무야.

② 민영: 나무가 주는 이로움을 설명하고 있어.

③ 윤서: 다른 나무 노래도 얼마든지 만들 수 있겠어.

④ 선율: 나무 이름을 재미있게 알려 주는 전래 동요야.

⑤ 태희: 말장난 같지만 우리말의 재미를 한껏 느낄 수 있어.

2 다음 말과 어울리는 나무의 이름을 찾아 선으로 이으세요.

(1) 　십 리 절반　 •

(2) 　방귀 뀌어　 •

(3) 　거짓 없어　 •

• ㉮ 참나무

• ㉯ 뽕나무

• ㉰ 오리나무

3 이 글을 새롭게 지어 쓸 때 (　　) 안에 들어갈 알맞은 나무 이름을 •보기•에서 찾아 쓰세요.

┌ 보기 ─────────────────────────┐
│ 　　돈나무　　　가시나무　　　사시나무　　　소나무 │
└───────────────────────────────┘

┌──────────────────────────┐
│ 따끔따끔 (1) (　　　　　　　) │
│ 한 푼 두 푼 (2) (　　　　　　　) │
│ 사시사철 (3) (　　　　　　　) │
└──────────────────────────┘

🕐 **30초 요약**

4 다음 빈칸에 알맞은 말을 넣어 "나무 타령"의 핵심 내용을 한 문장으로 요약하세요.

다양한 □□ 이름을 재미있게 알려 주는 □□□□은 우리말의 재미를 한껏 느끼게 하는 말놀이 전래 □□입니다.

4주 · 5일

산유화

김소월

문학
/ 시

산에는 꽃 피네
꽃이 피네.
갈 봄 여름 없이
꽃이 피네.

산에
산에
피는 꽃은
저만치 혼자서 피어 있네.

산에서 우는 작은 새여,
꽃이 좋아
산에서
사노라네.

산에는 꽃 지네
꽃이 지네.
갈 봄 여름 없이
꽃이 지네.

어휘 뜻

- **갈** 한 해의 네 철 가운데 셋째 철인 가을의 준말.

- **혼자** 다른 사람과 어울리거나 함께 있지 아니하고 그 사람 한 명만 있는 상태.

어휘 퀴즈 다음 뜻을 지닌 낱말을 찾아 ✔표 하세요.

❶ 저쯤 떨어진 곳으로.

☐ 웬만치　　☐ 저만치　　☐ 이만치

❷ 꽃이나 잎 따위가 시들어 떨어지네.

☐ 피네　　☐ 우네　　☐ 지네

5 이 시에 대한 설명으로 알맞지 <u>않은</u> 것은 무엇인가요? (   )

① 4개의 연으로 이루어졌다.

② 각 연은 4행으로 이루어졌다.

③ 이 시의 중심 소재는 산과 강이다.

④ 같은 말의 반복을 통해 리듬감을 나타내고 있다.

⑤ 시의 흐름을 부드럽게 하기 위해 가을을 '갈'이라 표현했다.

6 이 시의 1연과 4연에서 말하고자 하는 내용을 선으로 이으세요.

(1) 　1연　 •

(2) 　4연　 •

• ㉮ 생명이 사라짐.

• ㉯ 생명이 탄생함.

4주 · 5일

7 이 시에 대한 생각이나 느낌을 알맞게 말한 친구는 누구인가요? (   )

① 유리: 시의 리듬이 불규칙하게 느껴져.

② 재영: 정신없이 살아가는 도시의 모습이 떠올라.

③ 민기: 1연과 4연을 완전히 똑같이 반복해서 지루해.

④ 주희: 어쩔 수 없이 산에서 지내는 작은 새가 불쌍해.

⑤ 보영: 꽃이 저만치 혼자서 피어 있는 모습이 외롭게 느껴져.

⏱30초 요약

8 다음 빈칸에 알맞은 말을 넣어 "산유화"의 핵심 내용을 한 문장으로 요약하세요.

김소월의 시 □□□ 는 '저만치' 피어 있는 □과의 거리감으로 인해 느껴지는 □□□ 을 노래하고 있습니다.

1 다음 주황색으로 쓴 말의 뜻을 찾아 ○표 하세요.

(1)

> 세대 간의 대립이 심해지고 있다.

① 대강 어림잡아 헤아림. ( )
② 의견이나 처지, 속성 따위가 서로 반대되거나 모순됨. ( )

(2)

> 새로운 농약을 개발하여 병충해를 퇴치하게 되었다.

① 물리쳐서 아주 없애 버림. ( )
② 나쁜 점을 보완하여 더 좋게 고침. ( )

(3)

> 희진이는 만점을 받았다며 거만한 표정을 지었다.

① 사치하지 않고 꾸밈없이 수수한. ( )
② 잘난 체하며 남을 업신여기는 데가 있는. ( )

2 다음에 알맞은 말을 채워 넣어 국어사전의 내용을 완성하세요.

(1)

혜택(惠澤): 몡 으 ㅎ 와 덕택을 아울러 이르는 말.

㉤ 자연이 우리에게 주는 혜택에는 어떤 것이 있나요?

(2)

방어(防禦): 몡 상대편의 고 ㄱ 을 막음.

㉤ 돌이 날아와서 팔을 들어 방어했다.

(3)

통과(通過): 몡 어떤 곳이나 때를 거쳐서 ㅈ ㄴ 가 .

㉤ 긴 터널을 통과하는 기차를 보았다.

3 다음 설명과 관련 있는 말이 무엇인지 완성하세요.

(1)

> 관용구 풀이 　있는 힘을 다하여 매우 다급하게 도망침을 이르는 말.

➡ 　거　　으　아 날 살려라.

(2)

> 속담 풀이 　잘될 사람은 어려서부터 남달리 장래성이 엿보인다는 말.

➡ 　ㄴ　　ㅁ　될 것은 떡잎 때부터 알아본다.

4 다음 설명에 알맞은 낱말을 찾아 선으로 잇고, 그 낱말을 넣어 문장을 완성하세요.

(1) 기관이나 조직체 따위를 만들어 일으킴.　　•

•㉮ 환원

(2) 본디의 상태로 다시 돌아감. 또는 그렇게 되게 함.　　•

•㉯ 배열

(3) 일정한 차례나 간격에 따라 벌여 놓음.　　•

•㉰ 설립

⬇

(4) 그는 자신이 가진 전 재산을 사회로 _____ 하였다.

(5) 국제 연합의 _____ 목적을 알아 두자.

(6) 도서관에 책이 매우 가지런하게 _____ 되어 있다.

5주

1일
사회

일본 음식을
먹어 본 적 있니?

사회
환경에 따른
생활 모습

과학
지구와 물질

영역

문학
창작 동화

문학
희곡

스포츠
세계인의 축제

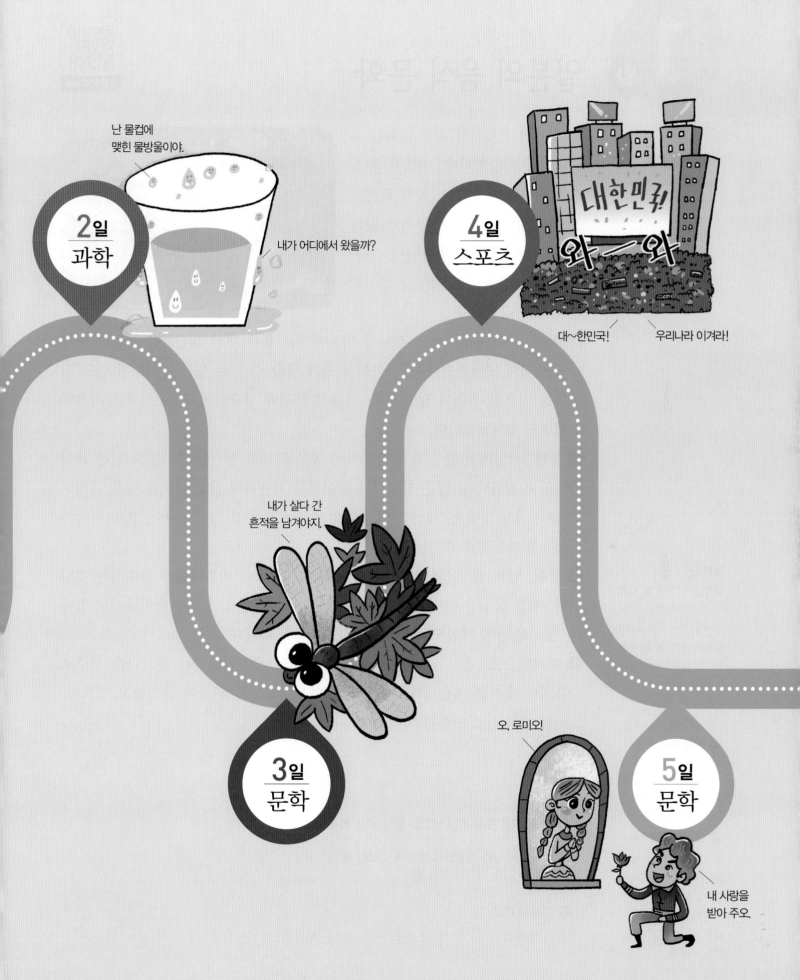

2일
과학

난 물컵에
맺힌 물방울이야.

내가 어디에서 왔을까?

4일
스포츠

대한민국!

와～와

대～한민국!

우리나라 이겨라!

내가 살다 간
흔적을 남겨야지.

3일
문학

오, 로미오!

5일
문학

내 사랑을
받아 주오

일본의 음식 문화

지문 분석 강의

1 일본의 전통적인 음식 문화는 우리나라와 비슷합니다. 쌀밥을 주식으로 하고 국과 반찬을 함께 먹는다는 것이 대표적입니다. 그러나 일본만의 독특한 특징도 있습니다. 일본 음식 문화의 몇 가지 특징을 살펴보면 다음과 같습니다.

2 첫째, 바다로 둘러싸인 섬나라 일본에서는 육류 대신 해산물을 이용한 다양한 조리법이 발달했습니다. 바다에서 쉽게 구할 수 있는 생선은 상하기 쉽고 식중독을 일으킬 위험이 많았지요. 그래서 생선에 살균력이 강한 식초를 사용한 요리법도 생겨났습니다.

3 둘째, 자연에서 얻은 재료의 고유한 맛을 그대로 살리는 조리법도 일본 음식 문화의 특징입니다. 많은 양념이나 향신료를 사용하지 않고 담백한 맛을 내려고 합니다. 국물 맛을 낼 때는 자연에서 얻은 재료를 주로 사용합니다. 또한 각각의 식재료를 따로따로 즐기는 편입니다.

4 셋째, 일본 음식 문화의 또 다른 특징은 시각적인 아름다움을 강조하는 것입니다. 여름 음식은 투명한 그릇에, 가을 음식은 붉은색 그릇에 담아내기도 합니다. 음식을 담을 때에도 색과 모양을 보기 좋게 합니다.

5 마지막으로, 음식을 먹는 모습도 독특한데, 숟가락보다는 젓가락을 위주로 사용하여 음식을 먹습니다. 또한 밥공기나 국그릇은 왼손에 올려놓고 먹으며, 소리를 내지 않고 조용히 먹어야 합니다.

어휘 퀴즈 다음 뜻을 지닌 낱말을 찾아 ✔표 하세요.

❶ 바다에서 나는 동식물을 통틀어 이르는 말.

☐ 부산물　　☐ 해산물　　☐ 해독물

❷ 음식의 재료.

☐ 식재료　　☐ 조리법　　☐ 식사법

1 이 글에서 설명한 내용은 무엇인가요? (   )

① 일본 음식 문화의 여러 가지 특징

② 일본 사람들이 좋아하는 놀이 문화

③ 일본 음식의 색을 내는 다양한 방법

④ 일본 음식이 세계에 널리 알려진 까닭

⑤ 우리나라와 세계 여러 나라 음식 문화의 차이점

2 이 글의 짜임을 알맞게 나타낸 것은 무엇인가요? (   )

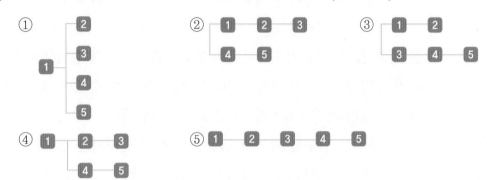

3 일본의 음식 문화에 대한 설명으로 맞으면 ○표, 틀리면 ×표 하세요.

(1) 시각적인 아름다움은 중요하게 여기지 않는다.　　　　　　(　　　)

(2) 쌀밥을 주식으로 하고 국과 반찬을 함께 먹는다.　　　　　(　　　)

(3) 해산물보다는 육류를 이용한 다양한 조리법이 발달했다.　(　　　)

(4) 일본 음식은 숟가락보다는 젓가락을 위주로 사용하여 먹는다.　(　　　)

(5) 재료 고유의 맛을 살리기보다는 많은 양념과 향신료를 사용한다.　(　　　)

30초 요약

4 다음 빈칸에 알맞은 말을 넣어 "일본의 음식 문화"의 핵심 내용을 한 문장으로 요약하세요.

일본의 음식 문화는 □□□을 이용한 조리법이 발달했으며 재료의 고유한 맛과 □□□인 아름다움을 중요하게 여기는 것 등이 특징입니다.

바자우족의 집

사람들은 자연환경에 따라 알맞은 집을 짓고 살아갑니다. 투명한 바다가 파란 하늘과 함께 끝없이 펼쳐진 말레이시아의 셈포르나에 가면 바다 유랑민 바자우족을 만날 수 있어요.

바자우족은 바다 위에 집을 짓고 살아갑니다. 배나 바다 위에 지은 수상 가옥에서 태어나 한평생 바다를 떠돌아다니며 살아가지요. 그들은 왜 바다 위에 집을 지을까요? 그리고 바다 위에서 어떻게 살아갈까요?

㉠바자우족은 바다에 나무 기둥을 박은 뒤 그 위에 집을 짓습니다. 나무 조각으로 벽과 바닥을 만들고 나뭇잎을 엮어 지붕을 얹습니다. 이렇게 만들어진 집은 덥고 습한 열대 기후에서 무더위를 피할 수 있게 할 뿐만 아니라 해충을 막아 주기도 합니다. 또 비교적 간편하고 빠르게 지을 수 있지요. 그래서 수상 가옥은 바다 유랑민 바자우족에게 딱 알맞은 집이랍니다.

바자우족은 잠수를 하거나 작살을 이용해 물고기를 잡고, 그렇게 잡은 물고기를 먹으며 살아갑니다. 생활용품은 생선과 조개, 그리고 '아갈아갈'이라는 해초 등을 육지에 내다 판 돈으로 구입하지요. 생활용수와 식수는 비가 내리면 빗물을 모아 이용합니다. 또한 바자우족은 한곳에 머물러 살지 않습니다. 해산물을 찾아 더 좋은 곳으로 이동하며 살아가지요.

바자우족은 오늘 어떤 바다 위에서 살고 있을까요? 아름다운 초록빛 바다 위에서 살아가는 삶은 어떠할지 상상해 보세요.

- **수상**(水 물 수, 上 윗 상) 물의 위.
- **작살** 물고기를 찔러 잡는 기구.
- **생활용수** 일상생활에 쓰이는 물.
- **식수**(食 먹을 식, 水 물 수) 먹을 용도의 물.

어휘 퀴즈 다음 뜻을 지닌 낱말을 찾아 ✓표 하세요.

❶ 집단을 이루어 떠돌아다니며 사는 습성을 가진 민족.

☐ 유랑민　　　☐ 이주민　　　☐ 피난민

❷ 바다에서 자라는, 꽃이 피고 열매를 맺는 식물.

☐ 부초　　　☐ 해초　　　☐ 목초

5 이 글의 내용으로 알맞지 <u>않은</u> 것은 무엇인가요? (   )

① 바자우족은 바다 위에 집을 짓는다.

② 바자우족은 바다를 떠돌아다니며 산다.

③ 바자우족은 한 번 머무른 곳은 떠나지 않는다.

④ 바자우족은 잠수를 하거나 작살을 이용해 물고기를 잡는다.

⑤ 바자우족은 생선과 조개, 해초 등을 내다 판 돈으로 생활한다.

6 ㉠에 해당하는 집의 모습으로 알맞은 것을 찾아 ◯표 하세요.

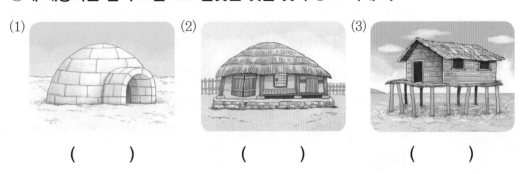

(1) (   ) (2) (   ) (3) (   )

7 이 글을 읽고 바자우족의 집에 대한 생각을 알맞게 말한 친구의 이름을 모두 쓰세요.

> 지연: 간편하고 빠르게 지을 수 있어서 떠돌아다니는 생활에 알맞은 것 같아.
> 은정: 바다 위에 집을 지으니까 덥고 습한 기후에서도 더위를 피할 수 있을 거야.
> 승훈: 언제든지 바다로 나갈 수 있어서 해산물보다 육류를 더 쉽게 구할 수 있었겠어.

(   ), (   )

30초 요약

8 다음 빈칸에 알맞은 말을 넣어 "바자우족의 집"의 핵심 내용을 한 문장으로 요약하세요.

수상 가옥은 바다 ☐☐☐ 바자우족에게 딱 알맞은 집으로, 바자우족은

한곳에 머물러 살지 않고 ☐☐☐을 찾아 이동하며 살아갑니다.

2일

물의 변화

지문 분석 강의

과학
/ 지구와 물질

차가운 얼음물이 담겨 있는 유리컵에 물방울이 송알송알 맺혀 있는 것을 본 적이 있을 거예요. 이 유리컵에 종이를 받쳐 두면 금세 종이가 축축하게 젖지요. ㉠유리컵에 맺힌 물방울과 종이를 적신 물은 어디에서 왔을까요? 물이 유리컵을 뚫고 나왔을까요? 혹시 유리컵에 작은 금이라도 간 것이 아닐까요?

물은 온도에 따라 그 상태가 변한답니다. 예를 들어 액체인 물을 냉장고의 냉동실에 넣어 두면 고체인 ⓐ ㉡ ㉡ 이/가 되지요. 얼음을 꺼내 탁자 위에 놓아 두면 다시 물이 되는 것을 볼 수 있습니다. 물을 주전자에 넣고 뜨겁게 가열해 보세요. 물이 끓어 기체인 수증기가 되는 것을 볼 수 있습니다.

기체를 차갑게 하면 액체가 된답니다. ㉢얼음물을 담아 놓은 유리컵에 물방울이 맺히는 것도 기체가 액체로 변한 것이랍니다. 공기 중의 수증기가 차가운 컵에 닿아 냉각되면서 물방울이 되어 맺힌 것입니다. 이러한 현상을 응결이라고 합니다.

따뜻한 물로 샤워를 하면 욕실 거울이 뿌옇게 흐려지는 것을 볼 수 있는데 이것도 공기 속의 수증기가 차가운 거울에 물방울로 맺힌 것이랍니다. 이른 아침에 나뭇가지나 풀잎 위에 맺힌 이슬도 수증기가 응결하여 이루어진 작은 물방울이지요.

이렇게 물은 고체, 액체, 기체로 모습을 바꾸며 돌고 돈답니다. 고체에서 액체로 되었다가 기체로 날아가거나 기체에서 액체를 거쳐 고체로 변하기도 하지요. 물뿐만 아니라 우리 주변의 여러 가지 물질들은 어떻게 모습이 변하는지 관심을 가지고 살펴보세요.

어휘 뜻

- **액체** 물이나 알코올·기름 등과 같이, 부피는 일정하나 모양은 넣는 그릇에 따라 변하는 물질.
- **냉동실**(冷 찰 냉, 凍 얼 동, 室 집 실) 식품 따위를 얼려서 보관하는 곳.
- **고체** 일정한 모양과 부피가 있으며 쉽게 변형되지 않는 물질의 상태.
- **기체** 공기·산소 등과 같이 일정한 모양과 부피가 없고 자유로이 움직이는 물질.
- **응결** 포화 증기의 온도 저하 또는 압축에 의하여 증기의 일부가 액체로 변하는 현상.

어휘 퀴즈 다음 뜻을 지닌 낱말을 찾아 ✔표 하세요.

❶ 어떤 물질에 열을 가함.
　　☐해열　　　☐발열　　　☐가열

❷ 식어서 차게 됨. 또는 식혀서 차게 함.
　　☐냉각　　　☐냉정　　　☐냉기

1 ㉠에 대한 설명으로 알맞은 것은 무엇인가요? (   )

① 유리컵을 뚫고 나온 물이다.

② 유리컵이 뜨겁게 가열되어 생긴 물이다.

③ 유리컵에 생긴 작은 금에서 흘러나온 물이다.

④ 공기 중의 수증기가 차가운 컵에 닿아 냉각되면서 생긴 물이다.

⑤ 공기 중의 수증기가 유리컵에 세게 부딪치는 압력으로 생긴 물이다.

2 ㉡에 들어갈 알맞은 말은 무엇인가요? (   )

① 액체   ② 압력   ③ 얼음

④ 수증기   ⑤ 물방울

3 ㉢과 같은 현상으로 알맞은 것은 무엇인가요? (   )

① 얼음이 녹아 물이 된다.

② 물이 끓어 수증기가 된다.

③ 처마 끝에 고드름이 매달린다.

④ 빨랫줄에 널어놓은 빨래가 마른다.

⑤ 추운 곳에서 따뜻한 실내로 들어설 때 안경에 김이 서린다.

30초 요약

4 다음 빈칸에 알맞은 말을 넣어 "물의 변화"의 핵심 내용을 한 문장으로 요약하세요.

물은 [ ][ ]에 따라 그 상태가 변하는데, 유리컵에 맺힌 [ ][ ][ ]은

공기 중의 [ ][ ][ ]가 차가운 컵에 닿아 응결된 것입니다.

과학
／**지구와 물질**

온난화를 부르는 이산화 탄소

　최근 우리나라는 한여름에 40도가 넘는 불볕더위가 계속되었습니다. 서울이 아프리카처럼 덥다며 '서프리카'라는 말도 생겼습니다. 우리나라의 여름은 왜 이렇게 점점 더워지는 걸까요?

　온실 효과란 지구 표면에서 우주로 빠져나가려는 에너지를 공기 중의 수증기와 이산화 탄소, 오존 등이 흡수하여 지구의 온도를 높게 유지하는 현상입니다. 빛은 받아들이고 열은 내보내지 않는 온실과 같은 작용을 한다는 데서 나온 말입니다. 이 작용으로 지구는 생명체가 살기에 알맞은 온도를 유지한답니다.

　그런데 산업화와 도시화로 인해 온실 효과를 일으키는 기체인 온실가스가 지나치게 많이 생겨나고 있어요. 온실가스의 증가로 인해 지구는 점점 뜨거워지지요. 이러한 지구 온난화의 주된 원인인 이산화 탄소는 석유나 석탄과 같은 화석 연료가 연소될 때 가장 많이 생겨나지요. 게다가 생태계의 파괴로 이산화 탄소를 흡수하는 숲이 사라지면서 지구의 기온이 계속 높아지고 있답니다.

　지구 온난화로 남극과 북극의 빙하가 녹고 있어요. 바닷물이 불어나서 해안 지역의 도시와 섬들이 물에 잠기게 될 거예요. 여름은 점점 길어지고 무더위가 기승을 부릴 거예요. 겨울에는 눈이나 비가 한꺼번에 많이 쏟아져 내리기도 할 거예요. 기상 이변으로 홍수나 태풍 등이 자주 발생할 수도 있죠.

　지구 온난화는 우리나라만의 문제가 아니랍니다. 전 세계가 함께 겪고 있는 문제이지요. 지구 온난화를 막을 수 있는 방법은 없을까요?

어휘 뜻

● **온실**(溫 따뜻할 온, 室 집 실) 광선, 온도, 습도 따위를 조절하여 각종 식물의 재배를 자유롭게 하는 구조물.

● **산업화** 산업의 형태가 됨. 또는 그렇게 되게 함.

● **도시화** 도시의 문화 형태가 도시 이외의 지역으로 발전·확대됨. 또는 그렇게 만듦.

● **지구 온난화** 지구의 기온이 높아지는 현상.

● **화석 연료** 지질 시대에 생물이 땅속에 묻히어 화석같이 굳어져 오늘날 연료로 이용하는 물질.

● **기승** 기운이나 힘 따위가 성해서 좀처럼 누그러들지 않음.

어휘 퀴즈　다음 뜻을 지닌 낱말을 찾아 ✔표 하세요.

❶ 물질이 빛과 열을 내면서 탐. 또는 그러한 현상.

☐ 연소　　　　☐ 연료　　　　☐ 연마

❷ 예상하지 못한 사태나 괴이한 변고.

☐ 이변　　　　☐ 가변　　　　☐ 강변

5 다음에서 설명하는 것은 무엇인가요? (   )

> 지구 표면에서 우주로 빠져나가려는 에너지를 공기 중의 수증기와 이산화 탄소, 오존 등이 흡수하여 지구의 온도를 높게 유지하는 현상

① 산업화   ② 불볕더위   ③ 온실 효과
④ 폭염 경보   ⑤ 지구 온난화

6 지구 온난화의 영향으로 맞으면 ○표, <u>틀리면</u> ×표 하세요.

⑴ 남극과 북극의 빙하가 녹을 것이다.   (   )

⑵ 홍수나 태풍 등이 드물게 발생할 것이다.   (   )

⑶ 여름은 점점 짧아지고 여름 기온이 낮아질 것이다.   (   )

⑷ 바닷물이 불어나서 해안 지역의 도시와 섬들이 물에 잠길 것이다. (   )

5주·2일

7 지구 온난화를 막을 수 있는 방법을 알맞게 말한 친구의 이름을 쓰세요.

> 승연: 가까운 거리도 차를 타고 다녀야 해.
>
> 소율: 나무를 많이 심어 숲을 가꾸어야 돼.
>
> 세영: 태양열보다는 석유나 석탄을 많이 사용하는 것이 좋아.

(   )

🕐 **30초 요약**

8 다음 빈칸에 알맞은 말을 넣어 "온난화를 부르는 이산화 탄소"의 핵심 내용을 한 문장으로 요약하세요.

산업화와 도시화로 인해 이산화 탄소 등의 □□□□가 증가하였고, 온실가스는 지구 □□□를 불러와 지구가 위험에 처하게 되었습니다.

문학
/ 창작 동화

고추잠자리 꿈쟁이의 흔적

박성배

지문 분석 강의

내가 그 고추잠자리를 처음 만난 것은 지난 초가을 오후였습니다. 내 잎처럼 붉은 몸을 가진 고추잠자리 한 마리가 아주 지친 모습으로 내 가지에 앉았습니다.

"단풍나무 아저씨, 여기서 좀 쉬었다 가도 될까요?"

"그러렴. 네 맘껏 쉬렴. 하지만, 조심해야 한다. 가끔 까치나 제비들이 올 때도 있거든."

"내가 움직이지 않으면 단풍잎으로 알 거예요."

그 말을 듣는 순간, 나는 이 고추잠자리가 보통이 아니라는 것을 느낄 수 있었습니다.

"내 이름은 꿈쟁이예요." / 고추잠자리는 묻지도 않은 이름을 알려 주었습니다.

"꿈쟁이? 그건 이름이라기보다는 별명 같은데?"

"모두들 나를 그렇게 불러요."

"고추잠자리한테 꼭 이름이 있어야 할 필요가 있을까?"

나는 슬쩍 꿈쟁이의 마음을 떠보았습니다.

"이름이 없으면 내가 살다 간 흔적을 어떻게 남기겠어요? 내 이름은 꿈쟁이예요."

고추잠자리는 불러 주기를 강요하듯이 자기의 이름을 반복하여 말하였습니다.

"아, 알았다. 꿈쟁이야!"

나는 '꿈쟁이야'에 힘을 주어 말하였습니다. 이름을 불러 주어서 좋아한다면 힘든 일도 아닌데 못 할 이유가 없으니까요.

"이렇게 살다가 흔적도 없이 사라지는 것은 무척 서글픈 일이에요."

어휘 뜻

- **고추잠자리** 잠자릿과의 곤충. 수컷은 몸이 붉으며 암컷은 노르스름하여 '메밀잠자리'라고도 함.

- **흔적** 어떤 현상이나 실체가 없어졌거나 지나간 뒤에 남은 자국이나 자취.

- **반복하여** 같은 일을 되풀이하여.

작품의 전체 줄거리

수록지문 단풍나무는 꿈쟁이라는 고추잠자리를 만났는데, 꿈쟁이는 세상에 살다 간 흔적을 남기고 싶어 함.	꿈쟁이가 자신의 흔적을 남기기 위해 하는 행동을 본 다른 고추잠자리들은 꿈쟁이를 비웃음.	꿈쟁이는 흔적을 남기지 않고 세상을 떠나는 것이 세상을 위하는 길이라 생각했고, 제비에게 잡아먹힘.	꿈쟁이가 떠나고 나서 단풍나무는 자신의 마음 속에 남겨진 꿈쟁이의 흔적을 발견하게 됨.

어휘 퀴즈 다음 뜻을 지닌 낱말을 찾아 ✔표 하세요.

❶ 마음에 흡족하도록.

☐ 힘껏   ☐ 노력껏   ☐ 맘껏

❷ 억지로 또는 강제로 요구함.

☐ 강요   ☐ 강의   ☐ 권유

1 이 글에 대한 설명으로 알맞은 것은 무엇인가요? (   )

① 이 글의 주인공은 단풍나무이다.

② 이 글의 말하는 이는 고추잠자리이다.

③ 단풍나무는 너그럽고 생각이 깊은 성격이다.

④ 단풍나무는 고추잠자리를 보고 속으로 비웃었다.

⑤ 단풍나무는 고추잠자리가 아주 평범하다고 생각했다.

2 고추잠자리의 이름을 이 글에서 찾아 쓰세요.

(   )

3 고추잠자리의 바람과 관련 있는 속담으로 알맞은 것은 무엇인가요? (   )

① 발 없는 말이 천 리 간다.

② 낫 놓고 기역 자도 모른다.

③ 세 살 적 버릇이 여든까지 간다.

④ 돌다리도 두드려 보고 건너야 한다.

⑤ 사람은 죽으면 이름을 남기고 호랑이는 죽으면 가죽을 남긴다.

30초 요약

4 다음 빈칸에 알맞은 말을 넣어 "고추잠자리 꿈쟁이의 흔적"의 핵심 내용을 한 문장으로 요약하세요.

고추 ☐ ☐ ☐ 인 ☐ ☐ ☐ 는 자신이 살다 간 ☐ ☐ 을 남기고 싶어 합니다.

연어의 꿈

안도현

문학
／ 창작 동화

　물속의 연어 떼들은 강물을 따라 올라가고 있었다. 이때 은빛 연어의 친구 눈 맑은 연어가 다가왔다. 눈 맑은 연어는 강 상류에 들어서면서부터 온몸에 붉은 반점이 생겨 이제는 온통 붉은빛을 띠고 있었다.

"왜 몸이 발갛게 물드는 거지?"

은빛 연어가 물었다.

"우리들의 몸이 붉게 물드는 것은 어른이 되었다는 뜻이야. 우리는 지금 알을 낳기 위해 우리가 태어난 상류로 가는 거야."

"상류에다 알을 낳기 위해서? 오직 그것 때문에?"

"그게 우리가 살아가는 이유야."

은빛 연어는 알을 낳기 위해 그 고생을 한다는 것이 믿어지지 않았다.

"우리가 강을 거슬러 오르는 이유가 오직 알을 낳기 위해서일까? 그게 우리의 전부라고 생각하니? 아닐 거야. 연어에게는 연어만의 독특한 삶의 이유가 있을 거야. 우리가 그것을 찾지 못했을 뿐이지. 그 이유를 찾지 못하면 우리 삶이란 아무 의미가 없는 게 아닐까?"

"너희들은 떼를 지어 거슬러 오르기 때문에 아름다운 거야."

초록 강이 은빛 연어와 눈 맑은 연어의 이야기를 듣고 있다가 말했다.

"거슬러 오른다는 건 뭐죠?"

"거슬러 오른다는 것은 지금 보이지 않는 것을 찾아간다는 뜻이지. 꿈이랄까, 희망 같은 거 말이야. 힘겹지만 아름다운 일이란다."

어휘 뜻

● **연어** 연어과의 바닷물 고기

● **떼** 목적이나 행동을 같이하는 무리.

● **반점** 동식물 따위의 몸에 박혀 있는 얼룩얼룩한 점.

● **독특한** 특별하게 다른.

어휘 퀴즈 다음 뜻을 지닌 낱말을 찾아 ✔표 하세요.

❶ 강이나 내의 물줄기가 처음 시작한 곳에 가까운 부분.

☐ 중류　　　　☐ 상류　　　　☐ 하류

❷ 일이 돌아가는 상황이나 흐름과 반대되거나 어긋나는 태도를 취해.

☐ 거슬러　　　☐ 구슬려　　　☐ 추슬러

5 이 글의 내용으로 알맞지 <u>않은</u> 것은 무엇인가요? (   )

① 은빛 연어와 눈 맑은 연어는 상류로 가고 있다.

② 연어들의 몸이 붉게 물드는 것은 어른이 되었다는 뜻이다.

③ 연어들이 강물을 거슬러 오르는 일은 희망과 꿈을 포기하는 일이다.

④ 초록 강은 연어의 삶은 떼를 지어 거슬러 오르기 때문에 아름답다고 했다.

⑤ 은빛 연어는 연어에게는 연어만의 독특한 삶의 이유가 있을 거라고 생각한다.

6 눈 맑은 연어가 생각하는 연어들의 삶의 이유는 무엇인가요? (   )

① 상류로 가서 알을 낳는 것

② 떼를 지어 강물을 거슬러 오르는 것

③ 보이지 않는, 꿈이나 희망을 찾는 것

④ 자기보다 강한 동물들을 물리치는 것

⑤ 몸이 아름다운 붉은색으로 물든 어른이 되는 것

5주·3일

7 이 글을 읽고 생각하거나 느낀 점을 알맞게 말하지 <u>못한</u> 친구는 누구인가요?

(   )

① 대성: 나도 내가 사는 의미에 대해 생각해 보아야겠어.

② 서윤: 강물을 거슬러 오르는 연어들의 모습이 감동적이야.

③ 예림: 혼자는 외로울 텐데 함께 가는 친구가 있어서 다행이야.

④ 연서: 온몸에 반점이 생겨서 죽어 가는 눈 맑은 연어가 불쌍했어.

⑤ 병현: 보이지 않는 꿈과 희망을 찾는 것이 힘겹지만 아름다운 일이라는 말에 공감이 돼.

🕐30초 요약

8 다음 빈칸에 알맞은 말을 넣어 "연어의 꿈"의 핵심 내용을 한 문장으로 요약하세요.

연어들이 ☐을 거슬러 오르는 것은 ☐이나 ☐☐처럼 보이지 않는 것을 찾아가는, 힘겹지만 아름다운 일입니다.

월드컵 거리 응원

한마음 한목소리 승리를 향하여!

"대~한민국! 짝, 짝, 짝, 짝, 짝!"

가족이나 친구들과 함께 "대한민국!"을 외치며 월드컵 거리 응원을 해 본 적이 있나요? 지금은 월드컵 때마다 광장으로 나와 응원하는 사람들을 흔히 볼 수 있습니다. 그러나 월드컵 거리 응원이 본격적으로 시작된 것은 2002년 피파(FIFA) 월드컵 때였습니다.

2002년 5월 31일부터 6월 30일까지 한국과 일본에서 월드컵이 공동 개최되었습니다. 사람들은 대한민국의 선전을 위해 응원을 하기 시작했지요. 다 같이 ㉠붉은색 티셔츠를 입고 커다란 전광판이 설치된 광장이나 거리에 모여 "대~한민국!"을 외치며 응원하였답니다.

성별과 나이를 가리지 않고 다양한 사람들이 모여 대한민국을 응원하고 한마음 한뜻으로 단결하는 좋은 기회였지요. 이 거리 응원을 시작으로 월드컵은 남녀노소를 가리지 않고 다 함께 즐기는 스포츠 행사가 되었습니다.

2002년 이전까지 외국 사람들은 한국의 거리 응원을 독특한 문화라고 생각했지요. 하지만 뒤이어 개최된 2006년 독일 월드컵에서는 월드컵 최초로 공식적인 거리 응원 공간이 만들어졌습니다. '팬들의 축제'라는 뜻의 팬 페스트(Fan Fest)가 바로 그것입니다. 팬 페스트는 월드컵 개최 도시나 광장에 설치되지요. 경기장에 입장하지 못한 사람들이 커다란 전광판을 통해 경기를 관람하고 즐기는 새로운 축구 문화라 할 수 있습니다. 2006년 이후부터는 매 월드컵마다 팬 페스트 구역을 정해 놓고 있답니다.

지금은 전 세계에서 즐기고 있는 거리 응원. 그 시작이 바로 대한민국이었다는 사실이 무척 흥미롭게 느껴집니다.

어휘 뜻
- **공동**(共 한가지 공, 同 한가지 동) 둘 이상의 사람이나 단체가 함께 일을 하거나, 같은 자격으로 관계를 가짐.
- **개최** 모임이나 회의 따위를 주최하여 엶.
- **전광판**(電 번개 전, 光 빛 광, 板 널빤지 판) 여러 개의 전구를 평면에 배열하고 전류를 통하여 그림이나 문자 따위가 나타나도록 만든 판.
- **단결** 많은 사람이 마음과 힘을 한데 뭉침.
- **남녀노소**(男 사내 남, 女 여자 녀, 老 늙을 노, 少 젊을 소) 남자와 여자, 늙은이와 젊은이란 뜻으로, 모든 사람을 이르는 말.

어휘 퀴즈 다음 뜻을 지닌 낱말을 찾아 ✔표 하세요.

1 있는 힘을 다하여 잘 싸움.

☐ 선전 ☐ 선수 ☐ 선진

2 국가적으로 규정되었거나 사회적으로 인정된. 또는 그런 것.

☐ 공식적 ☐ 형식적 ☐ 개인적

1 이 글의 내용으로 알맞은 것은 무엇인가요? (   )

① 거리 응원단은 남자들만으로 구성되었다.

② 거리 응원은 독일의 응원 문화를 따라 한 것이다.

③ 2002년 월드컵은 독일과 일본에서 공동 개최되었다.

④ 우리나라의 거리 응원은 2002년 월드컵 때 본격적으로 시작되었다.

⑤ 월드컵 때 각자 다른 색의 티셔츠를 입고 전광판이 설치된 곳에서 응원했다.

2 ㉠의 모습이 나타난 그림에 ○표 하세요.

(1) (   )   (2) (   )   (3) (   )

3 월드컵 응원 구호를 새롭게 만들어 다음 빈 곳에 알맞게 써 보세요.

30초 요약

4 다음 빈칸에 알맞은 말을 넣어 "월드컵 거리 응원"의 핵심 내용을 한 문장으로 요약하세요.

2002년 피파(FIFA) ☐☐☐ 때 한국에서 시작된 거리 ☐☐ 문화는 이제 전 ☐☐에서 즐기는 월드컵 축제 문화가 되었습니다.

4일

스포츠
/ 세계인의 축제

재미있는 컬링

2018년 평창 동계 올림픽에서 인기를 끌었던 경기 종목에는 '컬링'이 있습니다. 컬링은 동계 올림픽이 시작하기 전까지는 인기가 없던 종목으로 국민들의 큰 관심을 끌지 못했지요. 하지만 우리나라의 여자 선수들이 있는 힘을 다해 잘하면서 국민들은 컬링을 보기 위해 텔레비전 앞으로 모여 들었어요.

컬링은 얼음판에서 둥글고 납작한 돌인 '스톤'을 미끄러뜨려 과녁인 '하우스'에 넣음으로써 점수를 얻는 경기입니다. 한 팀은 네 명이며, 두 조로 나누어 경기를 합니다. 한 경기는 총 10회로 구성되는데 선수들은 한 회당 두 번씩 스톤을 투구합니다. 하우스 중앙 쪽에 스톤이 많은 편이 승리하게 됩니다.

선수들은 스톤이 앞으로 나아가는 동안 스톤 앞에서 빗자루 모양의 장비인 '브룸'으로 얼음 위를 닦는데 이를 '스위핑'이라고 합니다. 이렇게 스위핑을 하면서 스톤의 방향과 속도를 조절할 수 있습니다. 어떻게 스위핑을 하느냐에 따라 경기 결과가 좌우됩니다. 스위핑을 많이 할수록 스톤이 똑바로 나가고 덜 할수록 방향이 휜답니다.

컬링은 머리를 많이 쓰는 스포츠라고 할 수 있습니다. 상대편이 방어를 위해 깔아 놓은 스톤의 옆으로 돌아가 하우스 안의 스톤을 쳐낼 수 있는 ⓐ 을/를 짜내는 것이 중요합니다. 선수들이 선택한 방법이 성공할 것인지를 지켜보는 것이 컬링의 재미라고 할 수 있습니다.

어휘 뜻
- **종목** 여러 가지 종류에 따라 나눈 항목.
- **투구(投** 던질 투, **球** 공 구**)합니다** 야구나 볼링 따위에서, 공을 던집니다.
- **장비** 갖추어 차림. 또는 그 장치와 설비.
- **좌우(左** 왼 좌, **右** 오른쪽 우**)됩니다** 어떤 일에 영향이 주어져 지배됩니다.

 어휘 퀴즈 다음 뜻을 지닌 낱말을 찾아 ✔표 하세요.

① 균형이 맞게 바로잡음. 또는 적당하게 맞추어 나감.

☐ 조력　　　☐ 조준　　　☐ 조절

② 목적하는 바를 이룸.

☐ 성공　　　☐ 목공　　　☐ 성패

5 컬링 경기에 대한 설명으로 알맞지 <u>않은</u> 것은 무엇인가요? (   )

① 한 팀은 네 명으로 구성된다.

② 두 조로 나누어 경기를 한다.

③ 한 경기는 총 10회로 구성된다.

④ 선수들은 한 회당 두 번씩 투구한다.

⑤ 하우스 중앙 쪽에 스톤이 적은 편이 승리한다.

6 컬링 용어와 용어에 알맞은 설명을 찾아 선으로 이으세요.

(1) 투구 •

(2) 하우스 •

(3) 스위핑 •

• ㉮ 스톤이 들어가야 하는 둥근 과녁

• ㉯ 과녁 쪽으로 스톤을 밀어 보내는 것

• ㉰ 빗자루 모양의 브룸으로 얼음 위를 닦는 행동

5주·4일

7 ㉠에 들어갈 말은 무엇인가요? (   )

① 얼음   ② 시간   ③ 방법

④ 장비   ⑤ 기분

🕐 **30초 요약**

8 다음 빈칸에 알맞은 말을 넣어 "재미있는 컬링"의 핵심 내용을 한 문장으로 요약하세요.

☐☐은 얼음판에서 ☐☐을 투구한 뒤 ☐☐☐으로 방향과 속도를 조절하여 하우스에 넣는 경기입니다.

로미오와 줄리엣

원작: 윌리엄 셰익스피어

줄리엣: (창가에 턱을 괴고 한숨을 쉬며) 나는 이제 어쩌면 좋아!

로미오: (자기도 모르게 중얼거리며) 오, 빛나는 아침 햇살이여! 내가 당신의 두 손이 된다면 좋겠소. 그러면 당신의 고운 볼을 어루만질 수 있을 텐데. 오, 내 머리 위로 나타난 당신은 수많은 사람들이 우러러보는 세상의 천사랍니다!

줄리엣: (귀에 들리지 않는 듯 중얼거리며) 왜 하필이면 당신이 몬터규 가의 아들 인 로미오란 말입니까? 당신이 나를 위해 몬터규 가와 인연을 끊는다면 나도 캐플릿 가와의 인연을 끊겠어요.

로미오: (창문 앞으로 한 걸음 나아가며) 줄리엣! 몬터규 가의 로미오라는 이름이 싫다면 당신 마음대로 불러도 좋아요.

줄리엣: (창밖으로 얼굴을 내밀며) 어머나!

로미오: 줄리엣, 창가로 나와 주시오!

줄리엣: (⊙) 오, 로미오! 여긴 위험해요. 집안 사람들에게 발각되 면 큰일 날지도 몰라요.

로미오: 당신이 다정한 눈빛으로 나를 바라봐 준다면 아무것도 두렵지 않아요.

줄리엣: 로미오, 어떻게 여기까지 오셨나요? 누가 길을 가르쳐 주었나요?

로미오: 사랑이 길을 안내해 주었다오! 나는 당신이 하늘 저편에 있다고 해도 찾 아갔을 것이오. 줄리엣, 나에게 사랑의 맹세를 해 주시오.

줄리엣: 나는 이미 사랑을 고백했으니 사랑의 맹세를 한 것과 다름없어요.

작품의 전체 줄거리

수록지문 캐플릿 가의 만 찬회에서 만난 로미오와 줄 리엣은 사랑에 빠지지만 두 집안은 서로 원수 관계임.

로미오가 연루된 사건으로 줄리엣의 사촌인 티볼트가 죽게 되고 이로 인해 로미 오는 추방당하게 됨.

줄리엣의 아버지는 딸을 다 른 남자와 결혼시키려 하고, 절망에 빠진 줄리엣은 죽은 것처럼 보이는 약을 마심.

줄리엣이 죽은 줄로 안 로미 오는 슬퍼하며 독약을 마시 고, 깨어난 줄리엣은 로미오 를 따라 목숨을 끊음.

어휘 뜻

- **우러러보는** 마음속으로 공경하여 떠받드는.
- **가(家 집 가)** 예전에, 같은 호적에 들어 있는 친족 집단을 이르던 말.
- **인연(因 인할 인, 緣 인연 연)** 사람들 사이에 맺어지는 관계.

어휘 퀴즈 다음 뜻을 지닌 낱말을 찾아 ✔표 하세요.

① 숨기던 것이 드러남.

☐ 발전   ☐ 발각   ☐ 발생

② 일정한 약속이나 목표를 꼭 실천하겠다고 다짐함.

☐ 맹세   ☐ 맹목   ☐ 맹점

1 이와 같은 글에 대한 설명으로 알맞지 <u>않은</u> 것은 무엇인가요? (   )

① 연극의 대본이 되는 글이다.

② 무대 공연을 위한 문학이다.

③ 시간, 공간, 인물 수에 제약을 받는다.

④ 등장인물의 대사와 행동으로 전개된다.

⑤ 등장인물이 하는 말은 다른 등장인물에게 들리지 않는다.

2 로미오와 줄리엣 집안의 관계를 짐작할 수 있는 문장이 <u>아닌</u> 것은 무엇인가요?

(   )

① 왜 하필이면 당신이 몬터규 가의 아들인 로미오란 말입니까?

② 여긴 위험해요. 집안 사람들에게 발각되면 큰일 날지도 몰라요.

③ 오, 빛나는 아침 햇살이여! 내가 당신의 두 손이 된다면 좋겠소.

④ 몬터규 가의 로미오라는 이름이 싫다면 당신 마음대로 불러도 좋아요.

⑤ 당신이 몬터규 가와 인연을 끊는다면 나도 캐플릿 가와의 인연을 끊겠어요.

5주
·
5일

3 ㉠에 들어갈 지문으로 알맞은 것은 무엇인가요? (   )

① 증오의 눈빛으로   ② 창가로 다가서며

③ 큰 소리로 웃으며   ④ 로미오의 손을 잡으며

⑤ 아주 크게 비명을 지르듯이

⏱30초 요약

4 다음 빈칸에 알맞은 말을 넣어 "로미오와 줄리엣"의 핵심 내용을 한 문장으로 요약하세요.

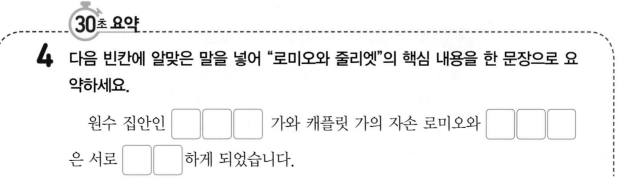

원수 집안인 □□□ 가와 캐플릿 가의 자손 로미오와 □□□

은 서로 □□하게 되었습니다.

개와 고양이

고양이: (강물을 바라보며 걱정스럽게)
　나는 헤엄을 못 치는데 어떻게 하지?

개: (곰곰이 생각하다가) 고양아, 나는
　헤엄을 잘 치니까 내 등에 타.

고양이: 그래, 그럼 내가 이 마법의 파
　란 구슬을 입에 꽉 물고 있을게.

개: 자, 이제 출발하자.

고양이: (파란 구슬을 입에 문 채 고개를 끄덕인다.)

개: (강 가운데로 나아가며) 우리가 파란 구슬을 찾은 것을 아시면 할머니, 할아
　버지께서 무척 기뻐하실 거야. 그렇지?

고양이: (파란 구슬을 입에 문 채 고개를 끄덕인다.)

개: (궁금한 표정으로) 그런데 고양아, 너 파란 구슬 잘 물고 있는 거지?

고양이: (파란 구슬을 입에 문 채 고개를 끄덕인다.)

개: 고양아, 고양아! 왜 대답이 없어?

고양이: (버럭 화를 내며) 그래, 잘 물고 있어.

　그 순간 '풍덩' 소리와 함께 파란 구슬이 떨어져 강물 속으로 사라져 버린다.

개: (당황하며) 이게 무슨 소리야?

고양이: (큰 소리로 화를 내며) 네가 자꾸 말을 시켜서 파란 구슬을 놓쳤잖아. 너
　때문이야! 아, 어쩌면 좋아. 파란 구슬이 강물에 빠졌어!

작품의 전체 줄거리

가난한 할머니와 할아버지가 살았는데, 할아버지가 강에서 잡은 물고기를 놓아주고 마법의 파란 구슬을 얻음.	부자가 된 할아버지와 할머니 집에 이웃 마을에 사는 욕심쟁이 할머니가 찾아와 마법의 파란 구슬을 훔쳐 감.	수록지문 할아버지가 기르던 개와 고양이는 파란 구슬을 찾지만 돌아오는 길에 강물에 빠드리게 됨.	개와 고양이는 서로를 탓하며 그때부터 만나기만 하면 서로 으르렁거리며 싸우게 되었다고 함.

어휘 퀴즈 다음 뜻을 지닌 낱말을 찾아 ✓표 하세요.

❶ 성이 나서 갑자기 기를 쓰거나 소리를 냅다 지르는 모양.

☐ 터럭　　　☐ 와락　　　☐ 버럭

❷ 놀라거나 다급하여 어찌할 바를 모르며.

☐ 당황하며　　　☐ 당부하며　　　☐ 태연하며

어휘 뜻

● **헤엄** 사람이나 물고기 따위가 물속에서 나아가기 위하여 팔다리나 지느러미를 움직이는 일.

● **곰곰이** 여러모로 깊이 생각하는 모양.

5 이 글의 내용으로 알맞은 것은 무엇인가요? (   )

① 이 글의 공간적 배경은 깊은 산골이다.

② 개와 고양이는 강을 건너는 일을 포기하였다.

③ 이 글의 주인공은 헤엄을 잘 치는 고양이이다.

④ 개와 고양이가 파란 구슬을 찾아오다가 강물에 빠뜨렸다.

⑤ 개와 고양이는 파란 구슬을 찾아서 할머니, 할아버지께 가져다 드렸다.

6 등장인물에 대한 설명으로 알맞은 것을 두 가지씩 찾아 선으로 이으세요.

(1) 개 •

(2) 고양이 •

• ㉮ 친구에게 화를 냈다.

• ㉯ 친구를 업고 강을 건넜다.

• ㉰ 궁금한 점을 계속 물었다.

• ㉱ 실수한 것에 대해 남의 탓을 했다.

5주
·
5일

7 자신에게 마법의 파란 구슬이 있다면 어떤 소원을 빌고 싶은지 까닭과 함께 간단히 쓰세요.

⏱ **30**초 요약

8 다음 빈칸에 알맞은 말을 넣어 "개와 고양이"의 핵심 내용을 한 문장으로 요약하세요.

☐와 고양이가 잃어버린 ☐☐☐☐을 찾아오다가 ☐☐에 빠뜨렸습니다.

1 다음 글을 읽고, ( )에 공통으로 들어갈 낱말을 완성하세요.

(1)
① 엄마는 동생을 낳고 산후 ( )를 했다.
(뜻) 건강이 회복되도록 몸을 보살피고 병을 다스림.

② ( )에 필요한 재료를 가게에서 샀다.
(뜻) 요리를 만듦. 또는 그 방법이나 과정.

ㅈ ㄹ

(2)
① 이륙하는 비행기의 ( )가 흔들렸다.
(뜻) 비행기의 몸체.

② 물질은 고체, ( ), 액체 등의 상태이다.
(뜻) 공기·산소 등과 같이 일정한 모양과 부피가 없고 자유로이 움직이는 물질.

ㄱ ㅊ

(3)
① 어릴 때 의사가 되고 싶은 ( )을 가졌다.
(뜻) 실현하고 싶은 희망이나 이상.

② ( )에서 돌아가신 할아버지를 보고 기뻐했다.
(뜻) 잠자는 동안에 깨어 있을 때와 마찬가지로 여러 가지 사물을 보고 듣는 정신 현상.

ㄲ

2 다음 문장을 잘 읽어 보고, 두 개 중 맞춤법에 맞는 낱말을 찾아 ○표 하세요.

(1) 2002년 월드컵은 한국과 일본에서 공동으로 [개최 / 개체] 되었다.

(2) 앞으로 여름에는 폭염이 기승을 [부릴 / 불일] 것이라 한다.

(3) 민재는 당황하지 않고 [곰곰이 / 곰곰히] 대책을 세웠다.

(4) 기와를 [언진 / 얹은] 한옥을 처음 보았다.

(5) 언덕 위에 있는 하얀 양 [떼 / 때] 가 한눈에 보인다.

(6) 나무들로 [둘러싸인 / 둘러쌓인] 숲에 가면 머리가 맑아진다.

3 다음 그림과 설명을 보고, 밑줄 친 곳에 들어갈 낱말을 •보기•에서 찾아 써넣으세요.

•보기•
> 흔적   파괴   경고   남녀노소   가옥

 (1) 산업화와 도시화로 지구 환경이 _____ 되고 있다.

 (2) 초가집은 우리 전통 _____ 중 하나이다.

 (3) 이 화석은 공룡이 살았던 _____이다.

5주 · 5일

4 다음 밑줄 친 낱말의 반대말을 완성하세요.

(1)
> 이 우산은 작게 접을 수 있어서 가지고 다니기 <u>편리</u>하다.
> 나무로 만든 의자가 앉기에 | ㅂ | ㅍ | 하다.

(2)
> 서로 생각이 다르면 여러 갈래로 <u>분열</u>하게 된다.
> 우리 반 친구들이 | ㄷ | ㄱ | 하여 시합에서 이겼다.

(3)
> 노을빛이 점점 <u>짙어진다</u>.
> 시간이 지나면 색깔이 점차 | ㅇ | ㅎ | ㅈ | ㄷ |.

6주

왕명을 따를 것이냐
현실을 생각할 것이냐
그것이 문제로다.

1일
역사

영역

역사
우리의 역사

과학
동물의 생활

문학
전래 동화

문학
수필

인물
제인 구달 ·
일레인 톰프슨

사람들은 우리를
길들이려 하지.

2일
과학

우리도 우리의
삶이 있다고!

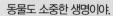
동물도 소중한 생명이야.

4일
인물

제인은 우리를 사랑해.

나에게 수고비를 주시오.

나를 이승으로
데려다 주오.

3일
문학

우리 딸이 어디에
있었을까?

엄마, 나 보았어요?

5일
문학

지문 분석 강의

위화도 회군은 정당한가?

선생님: 여러분, 오늘은 '위화도 회군'에 대해 이야기를 나누어 보아요. 위화도 회군은 고려 우왕 때 일어난 사건이에요. 고려의 우왕은 이성계에게 명나라의 땅을 공략하라고 명령했어요. ㉠이성계는 왕명에 따라 싸움터로 가다가 압록강의 위화도에서 군대를 돌려 우왕을 내쫓고 왕이 되었습니다. 이로 인해 고려는 망하고 조선이 세워졌습니다. 자신이 섬기던 왕을 내쫓은 이성계의 위화도 회군은 정당할까요?

주희: 위화도 회군은 정당합니다. 고려는 이미 나라가 어려운 상태였습니다. 백성들의 삶은 매우 힘들어지고 외적의 침입이 이어져서 어려운 상황이 계속되고 있었습니다. 그래서 이성계는 명나라 정벌을 반대했습니다. 그런데 우왕은 이를 받아들이지 않았죠.

한빛: 하지만 이즈음 명나라는 고려의 땅인 철령 이북 지역을 돌려 달라고 억지를 부리고 있었습니다. 우왕이 명나라의 이러한 요구를 받아들여 땅을 빼앗길 수는 없는 거 아닌가요? 이성계는 우왕의 명령을 따랐어야 합니다.

준혁: 이성계도 군사를 이끌고 명나라로 가기 위해 위화도까지 갔습니다. 그런데 그 사이에 도망치는 군사가 많았습니다. 또 마침 큰비가 내려 압록강을 건너기 어렵게 되었습니다. 이길 수 없는 싸움에 수많은 군사들을 끌고 가 죽게 하는 것보다 회군을 하는 것이 더 정당하다고 생각합니다.

다율: 자신이 섬기던 왕을 내쫓고 고려를 망하게 한 위화도 회군은 정당하다고 볼 수 없습니다. 왕이 되려는 이성계의 야망 때문에 일어난 사건입니다.

어휘 뜻

● **회군**(回 돌아올 회, 軍 군사 군) 군사를 돌이켜 돌아가거나 돌아옴.

● **정당**(正 바를 정, 當 마땅 당) 이치에 맞아 올바르고 마땅함.

● **외적**(外 바깥 외, 敵 대적할 적) 외국으로부터 쳐들어오는 적.

● **정벌** 적 또는 죄 있는 무리를 무력으로써 침.

어휘 퀴즈 다음 뜻을 지닌 낱말을 찾아 ✔표 하세요.

❶ 군대의 힘으로 적의 영토나 진지를 공격하여 빼앗음.

☐ 공약 ☐ 전략 ☐ 공략

❷ 크게 무엇을 이루어 보겠다는 희망.

☐ 야망 ☐ 패망 ☐ 관망

1 이 글에 대한 설명으로 알맞은 것은 무엇인가요? (   )

① 이성계의 업적을 칭찬하고 있다.

② 고려의 멸망 과정을 희곡으로 표현했다.

③ 고려의 유적지인 위화도를 소개하고 있다.

④ 고려의 여러 신하들에 대해 설명하고 있다.

⑤ 위화도 회군의 정당성에 대해 토론하고 있다.

2 주희는 이성계가 ㉠과 같이 행동한 까닭이 무엇이라고 생각했나요? (   )

① 우왕의 명령을 그대로 따랐기 때문이다.

② 고려는 이미 어려운 상황이 계속되었기 때문이다.

③ 명나라가 이미 어려운 상황이 계속되었기 때문이다.

④ 외적이 명나라를 공격한다는 소식을 들었기 때문이다.

⑤ 고려의 백성들이 평화로운 삶을 누리고 있었기 때문이다.

3 이 글에서 이야기를 나누는 인물에 대한 설명으로 알맞지 <u>않은</u> 것은 무엇인가요?

(   )

① 선생님 – 문제를 제기하고 있다.

② 주희 – 위화도 회군이 정당함을 주장하고 있다.

③ 한빛 – 위화도 회군이 정당하지 않다고 주장하고 있다.

④ 준혁 – 위화도 회군은 피할 수 없는 일이었음을 주장하고 있다.

⑤ 다율 – 위화도 회군의 정당성을 인정하고 있다.

6주·1일

⏱️ **30초 요약**

4 다음 빈칸에 알맞은 말을 넣어 "위화도 회군은 정당한가?"의 핵심 내용을 한 문장으로 요약하세요.

☐☐☐ 회군에 대해 ☐☐와 준혁이는 정당하다고 주장하였고,

한빛이와 ☐☐이는 정당하지 않다고 주장하였습니다.

광개토 대왕릉비에 있는 것

중국의 만주 지방은 옛날 우리 민족의 터였습니다. 이곳에 동아시아에서 가장 큰 비석인 광개토 대왕릉비가 있습니다. 이 비석은 높이가 6.39미터나 되는 거대한 돌로, 네 면에 1,770여 개의 글자가 새겨져 있습니다. 고구려 제19대 임금인 광개토 대왕의 업적을 기념하기 위해 아들인 장수왕이 414년에 세운 것이지요.

광개토 대왕릉비에는 고구려가 세상의 중심이라는 생각이 담겨 있어요. 중국의 영향 아래에 있는 나라가 아니라, 우리 민족이 스스로 역사를 이끌어 나가고 있다는 것이지요.

"대왕님의 은혜는 하늘에 가득 찼고, 위엄과 무공은 온 세상을 가득 덮었다. 옳지 못한 자들을 없애고 백성들이 하는 일을 편안하게 하니, 나라는 부유하고 백성은 넉넉하고 오곡이 풍요롭게 무르익었다."

광개토 대왕릉비에 새겨진 글의 일부예요. 광개토 대왕은 고구려의 땅을 크게 넓힌 임금으로 알려져 있습니다. 땅을 크게 넓히기 위해서는 많은 전쟁을 벌였을 텐데 백성을 편안하게 했던 임금이었다고 한 까닭은 무엇일까요?

광개토 대왕은 농사짓는 방법을 개량해 백성들이 배불리 먹을 수 있도록 하였습니다. 절도 짓고 여러 가지 법도 갖추어 백성들이 잘 살 수 있도록 하였지요.

광개토 대왕릉비는 수천 년의 세월 동안 만주 벌판에 서 있었습니다. 그 거대한 모습과 거기에 담긴 고구려의 정신은 우리의 후손들에게도 전해질 것입니다.

광개토 대왕릉비 ▶

어휘 뜻
● **터** 활동의 토대나 일이 이루어지는 밑바탕.
● **비석(碑** 비석 비, **石** 돌석**)** 돌로 만든 비.
● **위엄** 존경할 만한 위세가 있어 점잖고 엄숙함. 또는 그런 태도나 기세.
● **무공** 군사상의 공적.
● **오곡(五** 다섯 오, **穀** 곡식곡**)** 온갖 곡식을 통틀어 이르는 말.

 어휘 퀴즈 다음 뜻을 지닌 낱말을 찾아 ✓표 하세요.

1 사물이나 행동에서 매우 중요하고 기본이 되는 부분.
☐ 중단 　　☐ 중심 　　☐ 중요

2 나쁜 점을 보완하여 더 좋게 고침.
☐ 개량 　　☐ 측량 　　☐ 역량

5 광개토 대왕릉비에 대한 설명으로 알맞지 <u>않은</u> 것은 무엇인가요? (   )

① 중국의 만주 지방에 있다.

② 동아시아에서 가장 큰 비석이다.

③ 네 면에 1,770여 개의 글자가 새겨져 있다.

④ 광개토 대왕의 업적을 기념하기 위해 세워졌다.

⑤ 광개토 대왕이 고구려의 역사를 기록하기 위해 세웠다.

6 광개토 대왕릉비에 담겨 있는 생각은 무엇인가요? (   )

① 중국이 세상의 중심이다.

② 고구려와 중국은 하나이다.

③ 고구려가 세상의 중심이다.

④ 고구려가 세상에서 가장 넓다.

⑤ 고구려는 중국의 영향 아래에 있는 나라이다.

7 이 글을 읽고 알맞게 말한 친구는 누구인가요? (   )

① 영주: 중국 사람들은 역시 대단한 것 같아.

② 주희: 백제와 신라 사람들을 칭찬해 주고 싶어.

③ 한결: 고구려인의 후손이라는 사실이 자랑스럽게 느껴졌어.

④ 준혁: 고구려 사람들은 세력이 강한 나라를 받들어 섬기려는 생각이 강했군.

⑤ 주희: 아무 의미도 없이 크기만 한 비석을 보니 빈 수레가 요란하다는 속담이
생각나네.

6주
·
1일

🕐30초 요약

8 다음 빈칸에 알맞은 말을 넣어 "광개토 대왕릉비에 있는 것"의 핵심 내용을 한 문
장으로 요약하세요.

광개토 대왕릉비에는 ☐☐☐ 대왕의 ☐☐이 기록되어 있으며

☐☐☐가 세상의 중심이라는 생각이 담겨 있습니다.

코끼리의 복종

과학
／ 동물의 생활

　물가에서 코끼리들이 코로 물을 뿌리며 목욕하는 모습을 본 적이 있나요? 큰 덩치와 기다란 코, 펄럭이는 두 귀를 가진 코끼리는 어린이들이 좋아하는 동물 가운데 하나이지요. 세상에서 가장 큰 육상 동물인 코끼리는 어떻게 살아가고 있을까요?

　코끼리는 주로 아프리카와 동남아시아 지역에 살고 있습니다. 매일 300킬로그램 이상의 풀이나 열매를 먹고 100리터 정도의 물을 마십니다. 코끼리는 근육질로 되어 있는 코로 과일을 따거나 무거운 나무를 들 수도 있습니다. 또 물을 마시고 뿜어낼 수도 있지요. 이 밖에도 새끼를 구하거나 돌보고, 진흙을 튀기고, 식량을 모으는 등 여러 가지 역할을 합니다. 코끼리는 가족 단위로 무리 지어 생활합니다. 그중에서 가장 경험이 많은 암컷이 우두머리가 되지요. 코끼리는 새끼를 사랑하는 마음이 아주 큰 동물입니다. 어미를 잃은 새끼 코끼리가 있으면 마치 자기 새끼처럼 돌보아 주기도 한답니다.

　코끼리는 머리가 좋고 기억력이 뛰어나며 인간의 말을 잘 알아듣기도 합니다. 코끼리는 원래 야생성이 강해서 사람을 등에 태우지 않습니다. 하지만 사람들은 갓 태어난 코끼리를 어미에게서 떼어내어 인간에게 복종하도록 길들입니다. 그리고 등에 사람 태우기, 그림 그리기, 농구, 축구 등 사람도 해내기 어려운 것들을 하도록 강요하여 돈벌이의 수단으로 이용하지요.

　코끼리도 고통을 느끼는 생명체입니다. 이 지구 상에 인간이 존재하는 것처럼 코끼리도 당당하게 존재할 권리가 있습니다. 코끼리는 인간의 즐거움을 위해서가 아니라 코끼리의 모습 그대로 존재해야 하지 않을까요?

어휘 뜻
- **근육질** 근육처럼 연하고 질긴 성질.
- **무리** 사람이나 짐승, 사물 따위가 모여서 뭉친 한 동아리.
- **야생성**(野 들 야, 生 날 생, 性 성품 성) 산이나 들에서 저절로 나서 자라는 과정에서 생긴 강한 성질.
- **복종** 남의 명령이나 의사를 그대로 따라서 좇음.

어휘 퀴즈 다음 뜻을 지닌 낱말을 찾아 ✔표 하세요.

❶ 어떤 일이나 단체에서 으뜸인 사람.

　☐ 인정머리　　　☐ 골머리　　　☐ 우두머리

❷ 어떤 목적을 이루기 위한 방법. 또는 그 도구.

　☐ 수단　　　☐ 진단　　　☐ 강단

1 이 글의 내용을 바르게 이해한 친구는 누구인가요? (　　　)

① 승연: 코끼리는 홀로 살아가는 습성이 있어.

② 소율: 코끼리는 가족 단위로 무리 지어 생활하는구나.

③ 세영: 코끼리는 새끼를 낳으면 다른 어미에게 맡긴대.

④ 주현: 코끼리는 머리가 좋지만 기억력은 아주 나쁘대.

⑤ 태우: 무리 중에서 가장 힘센 수컷이 우두머리가 된다고 해.

2 야생에서 살아가는 코끼리가 코로 하는 일이 <u>아닌</u> 것은 무엇인가요? (　　　)

① 물을 마신다.　　　　　　② 과일을 딴다.

③ 물을 뿜는다.　　　　　　④ 그림을 그린다.

⑤ 새끼를 돌본다.

3 글쓴이의 생각으로 알맞은 것은 무엇인가요? (　　　)

① 코끼리와 인간은 닮은 점이 많다.

② 코끼리는 인간에게 꼭 필요한 존재이다.

③ 코끼리는 인간과 함께 살아가야만 한다.

④ 코끼리는 인간의 기쁨을 위해서 존재해야 한다.

⑤ 코끼리는 코끼리의 모습 그대로 존재해야 한다.

6주 · 2일

30초 요약

4 다음 빈칸에 알맞은 말을 넣어 "코끼리의 복종"의 핵심 내용을 한 문장으로 요약하세요.

　　사람들은 인간의 즐거움을 위해서 코끼리를 인간에게 [　][　]하도록 길들이지만 [　][　][　]도 야생의 모습 그대로 [　][　]할 권리가 있습니다.

하늘이 내린 벌레, 누에

서울 지하철 3호선을 타고 잠원역에 가면 볼 수 있는 것이 있습니다. 아낙네들이 비단을 짜는 모습과 애벌레가 그려진 벽화입니다. 이 벽화는 '잠원'이라는 이름과 관련이 있답니다. 잠원의 첫 글자는 한자로 '누에 잠(蠶)'에 해당합니다. 조선 시대 때 이곳에 누에치기를 권장하던 곳인 잠실이 있었기에 붙여진 이름입니다.

알에서 나온 어린누에를 '개미누에'라고 합니다. 개미누에는 길이가 약 3밀리미터 정도이며, 뽕나무의 잎인 뽕잎을 먹으면서 성장하지요. 누에는 한 번 잠을 잘 때마다 한 령씩 나이를 먹는데 보통 3~5일에 한 번씩 잠을 잡니다. 1령에서 5령까지의 기간은 보통 20일이랍니다. 5령이 된 누에는 뽕 먹는 것을 멈추고 고치를 짓기 시작합니다. 약 60시간에 걸쳐 타원형의 고치를 만듭니다. 이 고치에서 1500미터 정도의 명주실을 뽑을 수 있습니다. 누에는 약 70시간이 지나면 번데기가 되고, 그 뒤 12~16일이 되면 고치의 한쪽 끝을 뚫고 나와 나방이 됩니다. 암수 누에나방은 짝짓기를 하며 암컷 나방은 약 500개의 알을 낳고 죽습니다.

누에는 예로부터 하늘이 내린 벌레라는 뜻으로 '천충'이라고 불렀습니다. 인간에게 ㉠이익을 주는 벌레이기 때문이지요. 비단, 수술용 실, 인공 고막, 인공 뼈 등을 만드는 데에 누에가 쓰입니다.

어휘 뜻

● **아낙네** 남의 집 부녀자를 통속적으로 이르는 말.

● **권장(勸** 권할 권, **獎** 장려할 장)**하던** 권하여 장려하던.

● **령** 누에의 나이를 세는 단위.

● **고치** 누에가 번데기로 변할 때에 실을 토하여 제 몸을 둘러싸서 만든 둥글고 길쭉한 모양의 집.

● **고막** 귓구멍 안쪽에 있는 막.

 어휘 퀴즈 다음 뜻을 지닌 낱말을 찾아 ✔표 하세요.

❶ 어떤 물건을 만드는 데 들어가는 재료.

☐ 사료   ☐ 원료   ☐ 급료

❷ 사람의 힘으로 자연에 대하여 가공하거나 작용을 하는 일.

☐ 인공   ☐ 항공   ☐ 진공

5 이 글에 대한 설명으로 알맞은 것은 무엇인가요? (　　　)

① 누에 체험학습을 한다고 알리는 글이다.

② 누에의 새로운 쓰임을 알리는 기사문이다.

③ 누에에 대해 자세히 설명하고 있는 글이다.

④ 누에를 사람인 것처럼 꾸며 쓴 이야기 글이다.

⑤ 누에가 해로운 벌레라는 것을 주장하는 글이다.

6 누에에 대한 설명으로 알맞지 <u>않은</u> 것은 무엇인가요? (　　　)

① 누에는 뽕잎을 먹고 산다.

② 누에는 일 년에 한 령씩 나이를 먹는다.

③ 5령이 된 누에는 고치를 짓기 시작한다.

④ 한 개의 고치에서 1500미터 정도의 명주실이 나온다.

⑤ 누에는 '알 – 애벌레 – 고치 – 번데기 – 나방'의 단계를 거친다.

7 ㉠에 해당하는 한자어에 대해 알맞게 말한 친구의 이름을 쓰세요.

> 민준: 벌레라고 했으니까 '벌레 곤(昆)'을 써서 '곤충'이라고 해야지.
>
> 재희: 이익을 준다고 했으니까 '더할 익(益)'을 써서 '익충'이라고 해야지.
>
> 은찬: 벌레는 인간에게 해로움을 끼치기 마련이니까 '해할 해(害)'를 써서 '해충'이라고 하면 돼.

(　　　　　　)

🕐30초 요약

8 다음 빈칸에 알맞은 말을 넣어 "하늘이 내린 벌레, 누에"의 핵심 내용을 한 문장으로 요약하세요.

☐☐을 먹고 성장한 ☐☐는 인간에게 비단 외에도 수술용 실, 인공 고막의 원료 등을 제공하며 예로부터 ☐☐이라고 불렀습니다.

지문 분석 강의

저승의 곳간

"제발 나를 이승으로 데려다 주시오."

원님이 저승사자에게 부탁했지만 저승사자는 잔뜩 화가 난 얼굴로 말했습니다.

"이승까지 가는 길이 멀고 먼데 그냥 데려다 줄 수는 없지요. 나에게 수고비를 주어야겠습니다."

"난 가진 게 아무것도 없습니다."

저승사자는 원님을 저승에 있는 곳간으로 데려갔어요.

"여기는 저승의 곳간이오. 이곳에 있는 재물이라도 내놓으시오."

사람은 누구나 저승에 곳간을 하나씩 가지고 있습니다. 이 곳간은 이승에서 착한 일을 한 만큼 채워지지요.

"좋습니다. 어서 곳간 문을 열어 주시오."

원님이 자신 있게 말하자 저승사자가 곳간 문을 활짝 열었습니다. 그런데 원님의 곳간에는 겨우 볏짚 한 단만이 덩그렇게 놓여 있었습니다.

"겨우 볏짚 한 단 뿐이라니. 이승에서 좋은 일을 안 하고 살아왔군!"

원님은 부끄럽기도 하고 이승으로 다시 돌아가지 못할까 걱정도 되었습니다.

"할 수 없지. 그렇다면 덕진 아씨 곳간에는 쌀이 수백 석이나 있으니, 거기서 삼백 석을 빌리도록 하시오. 그리고 이승에 가서 갚도록 하시오."

원님은 그렇게 하겠다고 약속을 하고 덕진 아씨 곳간으로 가 쌀을 빌렸습니다.

얼마 뒤, 원님과 저승사자는 드디어 이승의 문 앞에 도착하였습니다.

작품의 전체 줄거리

영암 고을 원님을 저승사자가 저승으로 데리고 갔는데 염라대왕이 잘못 데려왔으니 이승으로 보내라 함.	**수록지문** 저승사자가 수고비를 달라 하자 저승의 곳간이 비어 있던 원님은 덕진 아씨에게 쌀을 빌림.	이승으로 돌아온 원님은 덕진 아씨가 있는 주막으로 찾아가 덕진 아씨가 착한 일을 하는 것을 확인함.	관가로 돌아온 원님은 저승에서 꾸었던 쌀을 실어 덕진 아씨에게 주고 덕진 아씨는 그 것을 팔아 다리를 놓는 데 씀.

어휘 뜻

- **이승** 지금 살고 있는 세상.
- **저승사자** 사람이 죽은 뒤에 그 혼이 가서 산다고 하는 세상인 저승에서 염라대왕의 명을 받고 죽은 사람의 넋을 데리러 온다는 심부름꾼.
- **곳간** 물건을 간직하여 두는 곳.
- **볏짚** 벼의 낟알을 떨어낸 줄기.

어휘 퀴즈 다음 뜻을 지닌 낱말을 찾아 ✔표 하세요.

1 돈이나 그 밖의 값나가는 모든 물건.

☐재물 ☐화물 ☐민물

2 홀로 우뚝 드러나 있게.

☐덩그렇게 ☐둥그렇게 ☐싯누렇게

1 이 글을 읽고 알 수 있는 내용이 <u>아닌</u> 것은 무엇인가요? (　　　)

① 원님은 이승으로 돌아가고 싶어 한다.

② 원님의 곳간에는 귀한 보물이 가득했다.

③ 원님은 이승에서 착한 일을 한 적이 거의 없다.

④ 사람은 누구나 저승에 곳간을 하나씩 가지고 있다.

⑤ 저승의 곳간은 이승에서 착한 일을 한 만큼 채워진다.

2 다음 그림을 보고 이야기 순서에 맞게 번호를 쓰세요.

(1)  (2) (3)

　　(　　　) 　　　(　　　) 　　　(　　　)

3 이 글을 읽고 깨달은 점으로 알맞은 것은 무엇인가요? (　　　)

① 재물을 모으려면 남을 돕지 못한다.

② 재물이 있어야 저승에서 잘살 수 있다.

③ 자기가 가진 것을 나누며 착하게 살아야 한다.

④ 나중에 후회하지 않으려면 절약하며 살아야 한다.

⑤ 저승에서 잘살기 위해 이승에서의 삶은 포기해야 한다.

6주
·
3일

30초 **요약**

4 다음 빈칸에 알맞은 말을 넣어 "저승의 곳간"의 핵심 내용을 한 문장으로 요약하세요.

저승의 곳간이 텅 비어 있는 □□은 덕진 아씨의 □□에서 쌀 삼백

석을 빌려 □□□□에게 주고서야 이승으로 돌아올 수 있었습니다.

도깨비와 수수께끼 내기

"어서 수수께끼 내기를 하자. 어서어서!"

도깨비가 수수께끼 내기를 하자고 덤벼들자 소년은 무서웠지만 정신을 바짝 차리고 말했습니다.

"좋아. 네가 먼저 수수께끼를 내 봐라."

수수께끼를 좋아하는 도깨비가 신이 나서 말했습니다.

"두만강 물을 바가지로 퍼내면 모두 몇 바가지일까?"

세상에, 그걸 어떻게 알겠어요? 하지만 소년은 침착하게 말했지요.

"두만강 물이 다 들어가는 바가지로 푸면 한 바가지이고, 반만 들어가는 바가지로 푸면 두 바가지지."

소년이 재치 있게 대답했습니다. 그러자 도깨비는 아무 말도 하지 못하고 눈만 껌벅껌벅하는 것이었습니다.

이번에는 소년이 수수께끼를 낼 차례가 되었습니다. 소년은 곰곰이 생각한 뒤에 드디어 입을 열었습니다.

"내가 마당으로 나갈 것 같은가, 아니면 방으로 들어갈 것 같은가?"

소년은 방문 문고리를 붙잡고는 도깨비에게 물었어요. 그러나 도깨비는 뭐라고 대답해야 할지 알 수 없었습니다. 마당으로 나간다고 하면 소년이 방으로 들어갈 것이고, 방으로 들어간다고 하면 소년은 밖으로 나갈 것이니까요.

작품의 전체 줄거리

| 옛날 어느 마을에 한 소년이 살았는데 소년이 이사를 간 첫날 밤에 집에 도깨비가 나타남. | 도깨비와 소년은 서로 자기 집이라고 다투다가, 수수께끼를 내어 맞히는 쪽이 집의 주인이 되기로 약속함. | **수록지문** 소년은 도깨비가 낸 수수께끼를 맞히고, 도깨비는 소년이 낸 수수께끼를 맞히지 못함. | 도깨비는 소년에게 항복을 한 뒤 집을 떠나고 소년은 그 집에서 오래오래 행복하게 잘 살았음. |

어휘 퀴즈 다음 뜻을 지닌 낱말을 찾아 ✔표 하세요.

❶ 눈치 빠른 재주. 또는 능란한 솜씨나 말씨.

☐유치　　☐재치　　☐가치

❷ 큰 눈이 계속 감겼다 뜨였다 하는 모양.

☐꼬박꼬박　　☐뚜벅뚜벅　　☐껌벅껌벅

어휘 뜻
● **내기** 금품을 거는 등 일정한 약속 아래에서 승부를 다툼.
● **침착(沈** 잠길 침. **着** 붙을 착)**하게** 행동이 들뜨지 아니하고 차분하게.

5 이 글의 내용으로 알맞지 <u>않은</u> 것은 무엇인가요? (   )

① 도깨비는 수수께끼를 좋아했다.
② 도깨비가 먼저 수수께끼를 냈다.
③ 소년은 도깨비가 무서워서 엉엉 울었다.
④ 소년과 도깨비는 수수께끼 내기를 했다.
⑤ 소년은 도깨비가 낸 수수께끼를 맞혔다.

6 도깨비가 소년이 낸 수수께끼에 대답하지 못한 까닭은 무엇인가요? (   )

① 소년이 수수께끼를 너무 많이 냈기 때문에
② 도깨비가 낸 것과 똑같은 수수께끼였기 때문에
③ 소년이 낸 수수께끼의 뜻을 이해하지 못했기 때문에
④ 소년이 도깨비가 말하지 못하도록 요술을 부렸기 때문에
⑤ 소년이 도깨비의 대답에 따라 반대로 행동할 것이기 때문에

7 이 글의 내용과 관련 있는 속담은 무엇인가요? (   )

① 배보다 배꼽이 더 크다.
② 발 없는 말이 천 리 간다.
③ 쥐구멍에도 볕 들 날 있다.
④ 세 살 적 버릇이 여든까지 간다.
⑤ 호랑이에게 물려 가도 정신만 차리면 산다.

6주·3일

🕐 **30초 요약**

8 다음 빈칸에 알맞은 말을 넣어 "도깨비와 수수께끼 내기"의 핵심 내용을 한 문장으로 요약하세요.

　　재치 있는 소년은 □□□와 □□□□ 내기를 하여 이겼습니다.

제인 구달의 사랑

지문 분석 강의

　제인 구달은 1934년 영국의 런던에서 태어났어요. 어느 날, ㉠제인 구달은 닭장 앞에 쭈그리고 앉아 있었어요. 닭이 알을 낳는 것을 보고 있었던 거예요. 제인의 머리는 밀짚으로 뒤범벅이 되었지요. 동생이 제인을 보고 소리쳤어요.

"언니 뭐 해? 몇 시간이나 찾아다녔잖아!"

"쉿, 조용히 해. 나왔다, 달걀이 나왔어!"

　제인 구달은 달걀을 두 손으로 가만히 감싸 안았습니다. 생명의 탄생을 경험한 매우 소중한 시간이었죠.

　1960년, 스물여섯 살이 되었을 때 제인은 침팬지를 관찰하기 위해서 탄자니아 숲의 야생 동물 보호 구역으로 들어갔어요. ㉡제인은 매일 똑같은 옷을 입고 똑같은 자리에서 침팬지를 기다렸습니다. 침팬지들과 친해지기 위한 시도였지요. 그러자 마침내 침팬지가 제인의 오두막으로 찾아왔어요. 제인은 침팬지들에게 먹을 것도 주고 이름도 붙여 주었지요. 제인은 침팬지들도 사람처럼 생김새뿐만 아니라 성격도 모두 다르다는 것을 알게 되었습니다. 침팬지들이 땅속 구멍 안에 나뭇가지를 넣어 흰개미를 잡아먹는 것까지 관찰하였지요. 사람만 도구를 사용하는 것이 아니라는 것은 정말 놀라운 일이었어요.

　그 뒤, 제인은 사람들이 침팬지를 사냥해서 동물원에 가두기도 하고 실험용으로 사용하기도 한다는 사실을 알게 되었어요. 용기를 낸 제인은 전 세계를 돌아다니면서 침팬지 보호를 위한 돈을 모은 뒤 아프리카로 돌아와 '침팬지 보호 운동'을 했어요. 제인 구달은 동물도 소중한 생명체라는 것을 사람들에게 다시 한 번 일깨워 주었답니다.

어휘 퀴즈 다음 뜻을 지닌 낱말을 찾아 ✔표 하세요.

❶ 어떤 것을 이루어 보려고 계획하거나 행동함.
　☐계도　　　☐유도　　　☐시도

❷ 일을 할 때 쓰는 연장을 통틀어 이르는 말.
　☐구도　　　☐도구　　　☐거구

1 ㉠으로 미루어 보아, 제인 구달에 대해 알 수 있는 것은 무엇인가요? (　　　)

① 닭을 그리는 것을 좋아했다.

② 닭장을 만드는 것을 좋아했다.

③ 동물을 관찰하는 것을 좋아했다.

④ 동물 가까이 가는 것을 싫어했다.

⑤ 닭장에 숨어 장난치는 것을 좋아했다.

2 제인 구달이 ㉡처럼 행동한 까닭은 무엇인가요? (　　　)

① 침팬지가 되기 위해서

② 침팬지들을 내쫓기 위해서

③ 침팬지들과 친해지기 위해서

④ 자신이 침팬지인 줄로 착각해서

⑤ 침팬지에게 자신의 무서움을 알리기 위해서

3 제인 구달이 한 일이 <u>아닌</u> 것은 무엇인가요? (　　　)

① 침팬지 보호 운동을 했다.

② 동물들을 동물원에 가두고 실험용으로 사용했다.

③ 침팬지가 도구를 사용한다는 사실을 발견하였다.

④ 전 세계를 돌아다니면서 침팬지 보호를 위한 돈을 모았다.

⑤ 침팬지들이 생김새도 다르고 성격도 모두 다르다는 것을 알아내었다.

6주·4일

30초 요약

4 다음 빈칸에 알맞은 말을 넣어 "제인 구달의 사랑"의 핵심 내용을 한 문장으로 요약하세요.

어린 시절부터 □□을 관찰하기 좋아했던 제인 구달은 □□□ 연구 활동을 하면서 동물도 소중한 □□□라는 사실을 일깨워 주었습니다.

일레인 톰프슨의 도전

자메이카의 톰프슨, 200미터 달리기 금메달 획득

"나는 전사로서 최선을 다했다"

2016년 8월 18일, 브라질 리우 올림픽 주경기장에서 열린 여자 200미터 달리기 결승에서 일레인 톰프슨이 21초 78로 결승선을 통과해 금메달을 땄다.

지난 100미터 달리기에서도 금메달을 땄던 톰프슨은 200미터에서도 우승을 했다. 이날 여러 선수들과 함께 속도 전쟁을 벌인 톰프슨은 "나는 전사다. 대회에 나오기 전에 허벅지를 다쳤지만 강인한 정신력으로 최선을 다했다."고 말했다.

톰프슨은 자메이카에서도 관심을 받지 못하는 선수였다. 빨리 달리지 못했던 톰프슨은 고등학교 육상부에서 쫓겨난 적도 있었다. 하지만 스티븐 프란시스 코치를 만나 그녀의 인생이 바뀌었다. "너는 더 이상 고등학생이 아니야. 책임감을 느끼고 운동을 해야 해."라는 코치의 말에 깨달음을 얻고 열심히 훈련했다.

여자 선수가 올림픽 단거리 100미터와 200미터를 모두 우승한 것은 1988년 서울 올림픽의 그리피스 조이너 이후 28년 만이다. 일레인 톰프슨은 20일 오전 10시 15분에 열리는 여자 400미터 이어달리기에서 삼관왕에 도전한다.

어휘 ^뜻
- **전사**(戰 싸움 전, 士 선비 사) 전투하는 군사.
- **결승선** 달리기 따위에서, 결승을 판가름하는 장소에 가로로 치거나 그은 선.
- **속도**(速 빠를 속, 度 법도 도) 물체가 나아가거나 일이 진행되는 빠르기.
- **코치** 운동 경기의 정신·기술·전술 따위를 선수들에게 지도하고 훈련시키는 일. 또는 그 일을 하는 사람.
- **단거리** 짧은 거리.
- **삼관왕** 운동 경기에서, 세 종목 또는 세 부문을 모두 우승하거나 수위를 차지한 사람.

어휘 퀴즈 **다음 뜻을 지닌 낱말을 찾아 ✔표 하세요.**

1 얻어 내거나 얻어 가짐.
　☐납득　　　☐획득　　　☐기득

2 억세고 질긴.
　☐강인한　　☐강구한　　☐강타한

5 이와 같은 글에 대한 설명으로 알맞은 것은 무엇인가요? (   )

① 톰프슨의 일생을 기록한 전기문이다.

② 체력을 길러야 한다고 주장하는 글이다.

③ 올림픽 경기 일정을 알려 주는 안내문이다.

④ 올림픽 금메달 소식을 알려 주는 기사문이다.

⑤ 단거리 달리기에 대해 자세히 설명한 글이다.

6 이 글에서 다음에 해당하는 내용을 찾아 선으로 이으세요.

(1) 누가 •   • ㉮ 2016년 8월 18일에

(2) 언제 •   • ㉯ 금메달을

(3) 어디서 •   • ㉰ 일레인 톰프슨이

(4) 무엇을 •   • ㉱ 21초 78로 결승선을 통과해

(5) 어떻게 •   • ㉲ 리우 올림픽 주경기장에서

6주
·
4일

7 이 글의 톰프슨과 비슷한 경험을 한 친구는 누구인가요? (   )

① 연승: 아이스크림을 먹고 배탈이 난 적이 있어.

② 주현: 길에서 친구와 부딪혀서 넘어진 적이 있어.

③ 지호: 가족과 함께 축구 경기를 보며 응원한 적이 있어.

④ 세영: 달리기 대회에서 발목을 다쳐서 중간에 포기했어.

⑤ 성우: 줄넘기 대회에서 머리가 아팠지만 최선을 다해서 경기를 마쳤어.

30초 요약

8 다음 빈칸에 알맞은 말을 넣어 "일레인 톰프슨의 도전"의 핵심 내용을 한 문장으로 요약하세요.

브라질 리우 올림픽에 참가한 일레인 ☐☐☐은 강인한 정신력으로

☐☐을 다해 여자 200미터 달리기 결승에서 ☐☐☐을 땄습니다.

현이의 연극

이경희

문학
/ 수필

사실, 우리 집 애가 반드시 남의 눈에 띄는 중요한 역할을 맡아야 한다든지, 조금이라도 나은 역을 해야 한다는 생각은 조금도 없었다. 다만, 엄마는 자기 아이한테 제일 먼저 관심이 가게 되는 것이기 때문에, 현이가 눈에 띄지 않는 데에 실망하였을 뿐이다. 그러는 동안에 연극은 끝났다. 나는 현이를 찾으러 아래층으로 갔다. 얼굴에 빨갛고 꺼멓게 분장을 한 아이들 틈에서 한참만에 현이를 찾았다. 물론, 현이 쪽에서 먼저 엄마를 부른 것이다.

"엄마! 나 하는 것 보았어요?"

현이는 나를 보자마자 그것부터 물었다. 이럴 때, 보았다고 해야 할지 못 보았다고 해야 할지, 얼른 생각이 나지 않아 망설이다가,

"응, 현이가 어느 쪽에 앉아 있었지?"

나는 대답 대신 이렇게 물었다. 혹시 못 보았다는 것을 알아채고 실망을 하는 게 아닌가 눈치를 살폈는데, 현이는 의외로 밝은 얼굴을 하며,

"둘째 줄 끝 쪽에 앉아 있었어요."

하더니,

"엄마, 그럼 나 못 보았지? 아유, 난 내 뒤에 있던 참새가 앞으로 나가면서 건드리는 바람에 모자가 벗겨져서, 그것을 엄마가 보았으면 어떻게 하나 하고 얼마나 걱정을 했는지 몰라. 금방 집어 썼는데, 엄마 못 봤지?"

이렇게 말하는 것이 아닌가? 나는 현이의 이 말에 또 한 번 마음속으로 놀랐다. 그리고 미안한 생각이 들었다. 비록 눈에 잘 안 띄는 풀잎 역을 하였지만, 현이는 자기의 역할에 충실했으며, 엄마가 자기를 꼭 보아 주리라는 확신 때문에 더욱 열심히 연기를 하였고, 오히려 자기의 실수를 엄마가 보았을까 걱정을 했던 것이다.

어휘 뜻

● **실망**(失 잃을 실, 望 바랄 망) 희망이나 명망을 잃음. 또는 바라던 일이 뜻대로 되지 아니하여 마음이 몹시 상함.

● **분장** 등장인물의 성격, 나이, 특징 따위에 맞게 배우를 꾸밈.

● **망설이다가** 이리저리 생각만 하고 태도를 결정하지 못하다가.

● **충실했으며** 충성스럽고 정직하며 성실했으며.

어휘 퀴즈 다음 뜻을 지닌 낱말을 찾아 ✔표 하세요.

1 생각이나 기대 또는 예상과 달리.

☐ 우연히 ☐ 논외로 ☐ 의외로

2 굳게 믿음. 또는 그런 마음.

☐ 확신 ☐ 확답 ☐ 확장

1 이 글에 대한 설명으로 알맞은 것은 무엇인가요? (　　　)

① 공연을 목적으로 하는 연극의 대본이다.

② 한 사람이 일생 동안 한 일이나 업적을 쓴 글이다.

③ 어떤 문제에 대한 의견과 해결 방안을 제시하는 글이다.

④ 생각이나 느낌을 리듬감이 있는 언어로 짧게 표현한 글이다.

⑤ 일정한 형식 없이 일상생활에서의 느낌이나 체험을 생각나는 대로 쓴 글이다.

2 이 글의 내용으로 알맞은 것은 무엇인가요? (　　　)

① 엄마는 현이를 알아보았지만 모른 척했다.

② 현이는 엄마가 자기를 알아보지 못해서 실망했다.

③ 엄마는 무대 위에 있는 현이를 금방 찾을 수 있었다.

④ 엄마는 현이가 맡은 역할이 보잘것없어서 창피해했다.

⑤ 현이는 엄마가 자기의 실수를 못 본 것을 알고 안심했다.

3 이 글의 중심 내용으로 알맞은 것은 무엇인가요? (　　　)

① 기대가 크면 실망도 큰 법이다.

② 자신이 맡은 일에 최선을 다해야 한다.

③ 자기의 잘못을 인정할 수 있어야 한다.

④ 다른 사람의 실수를 눈감아 줄 줄 알아야 한다.

⑤ 누구든 실수할 수 있으므로 실수를 걱정하지 말아야 한다.

30초 요약

4 다음 빈칸에 알맞은 말을 넣어 "현이의 연극"의 핵심 내용을 한 문장으로 요약하세요.

☐☐ 는 눈에 잘 안 띄는 ☐☐ 역을 했지만 자기의 역할에 ☐ ☐ 했습니다.

우애 있는 닭

이익

다행히 큰 병아리 중 암탉 한 마리가 살아남았지만 머리와 어깨 털이 빠지고 아파서 먹이도 쪼지 못할 지경이 되었다. 막 태어난 병아리들은 가엾게도 어미를 찾아 울어 댔다.

살아남은 암탉은 병이 조금 낫자 즉시 동생 병아리들을 끌어다 제 품에 품어 주었다. 집안사람들이 처음에는 우연이라고 생각했다. 그런데 암탉은 시간이 지나도 한결같았다. 먹이를 얻으면 반드시 병아리들을 불렀는데, 뜰과 섬돌에서 병아리 부르는 소리가 끊이지 않았다. 위험한 상황이 벌어지면 날개를 펴서 보호해 주고, 어쩌다 병아리가 눈에 띄지 않으면 황급히 찾아다니고 허둥거리며 날뛰었다. 암탉은 어미 닭이 했던 것처럼 병아리들을 아끼고 사랑했다. 또 위험한 일이 있을까 걱정하여 되도록 사람 가까이에서 지내고 밤에도 처마 밑에서 잠을 잤다. 때마침 큰 장마가 두어 달 계속되었다. 암탉은 병아리들을 덮어 젖지 않도록 보호해 주었다. 작은 몸집에 다리를 구부리지도 못하고 서서 밤을 지새웠다.

이에 우애 있는 닭이라 하여 '우계'라고 이름을 지어 주었다. 착하지 않은 행동을 하는 사람이 있으면 "우계 좀 봐라. 우계 좀 봐라." 하면 모두 부끄러워하였다. 닭들이 곳간의 쌀을 쪼아 먹는 날도 있었지만 그래도 사람들은 닭들을 내쫓지 않았다. 암탉은 이렇게 사람들에게 사랑을 받았다.

어휘 뜻

- **가엾게도** 마음이 아플 만큼 안되고 애달프고 구슬프게도.
- **한결같았다** 처음부터 끝까지 변함없이 꼭 같았다.
- **섬돌** 집채의 앞뒤에 오르내릴 수 있게 놓은 돌층계.
- **처마** 지붕이 도리 밖으로 내민 부분.

- **장마** 여름철에 여러 날을 계속해서 비가 내리는 현상이나 날씨. 또는 그 비.
- **우애(友** 벗 우, **愛** 사랑 애) 형제간 또는 친구간의 사랑이나 정분.

작품의 전체 줄거리

| 어미 닭을 한 마리 키웠는데 자애로워서 새끼 병아리들뿐만 아니라 조금 자란 병아리에게까지 먹이를 물어다 먹였음. | 어느 날, 어미 닭과 조금 자란 병아리 여러 마리가 들짐승에게 물려 가고 다행히 조금 큰 암놈 하나가 도망쳐 살아남았음. | **수록지문** 살아남은 암탉은 어린 병아리들을 품어 주고 먹이를 얻으면 병아리들을 불러 먹였으며, 위험으로부터 보호해 주었음. | 몸이 지쳐 병이 든 암탉은 들짐승에게 물려 갔고 안타까운 마음에 깃털을 주워 와 묻어 준 뒤 그 무덤을 우계총이라고 이름 붙임. |

어휘 퀴즈 다음 뜻을 지닌 낱말을 찾아 ✔표 하세요.

1 아무런 인과 관계가 없이 뜻하지 아니하게 일어난 일.

☐ 필연 ☐ 우연 ☐ 사연

2 몹시 어수선하고 급박하게.

☐ 황공히 ☐ 황당히 ☐ 황급히

5 살아남은 암탉의 행동이 <u>아닌</u> 것은 무엇인가요? (   )

① 병아리들을 제 품에 품어 주었다.

② 아픈 병아리들을 부리로 핥아 주었다.

③ 먹이를 얻으면 반드시 병아리들을 불렀다.

④ 비가 오면 병아리들이 젖지 않도록 덮어 주었다.

⑤ 위험한 상황이 벌어지면 날개를 펴서 병아리들을 보호하였다.

6 다음은 '우계'라는 이름의 뜻입니다. 빈칸에 들어갈 알맞은 말을 쓰세요.

┌───┐
│   [   ] 있는 닭   │
└───┘

(   )

7 글쓴이가 이 글을 쓴 목적은 무엇일까요? (   )

① 닭을 길러야 한다고 주장하기 위하여

② 아픈 닭을 돌보는 방법을 설명하기 위하여

③ 닭과 병아리의 차이점을 알려 주기 위하여

④ 사람보다 동물이 똑똑하다는 것을 밝히기 위하여

⑤ 우계의 선한 행동을 사람들이 본받도록 하기 위하여

6주·5일

30초 요약

8 다음 빈칸에 알맞은 말을 넣어 "우애 있는 닭"의 핵심 내용을 한 문장으로 요약하세요.

최선을 다해 동생 병아리들을 돌보는 [ ][ ]의 모습을 보고 [ ][ ] 있는 닭이라는 뜻의 '[ ][ ]'라는 이름을 지어 주었습니다.

1 다음 주황색으로 쓴 말의 뜻을 찾아 ○표 하세요.

(1)

> 그 일은 역사적인 사건이다.

① 산이나 들, 바다 따위를 둘러싼 주위의 모습.　　　　　(　)

② 사회적으로 문제를 일으키거나 주목을 받을 만한 뜻밖의 일.　(　)

(2)

> 달걀은 왜 길쭉한 타원형일까요?

① 부드럽지 아니하고 각이 져 있는 모양.　　　　　　　　(　)

② 길쭉하게 둥근 타원으로 된 평면 도형. 또는 그런 모양.　　(　)

(3)

> 놀부는 재물에 눈이 멀어 동생을 외면했다.

① 돈이나 그 밖의 값나가는 모든 물건.　　　　　　　　　(　)

② 제사 지낼 때 바치는 물건이나 짐승 따위.　　　　　　　(　)

2 다음에 알맞은 말을 채워 넣어 국어사전의 내용을 완성하세요.

(1)

야망(野望): 〔명〕 크게 무엇을 이루어 보겠다는 ㅎ ㅁ .

　　　　〔예〕 청년이여, 야망을 가져라!

(2)

획득(獲得): 〔명〕 얻어 내거나 얻어 ㄱ ㅈ .

　　　　〔예〕 경호는 메달 획득에 나서는 꿈을 꾼다.

(3)

복종(服從): 〔명〕 남의 ㅁ ㄹ 이나 의사를 그대로 따라서 좇음.

　　　　〔예〕 야옹이는 언니 말에 무조건 복종한다.

3 다음 설명과 관련 있는 말이 무엇인지 완성하세요.

(1)

> **속담 풀이** 교양이 있고 수양을 쌓은 사람일수록 겸손하고 남 앞에서 자기를 내세우려 하지 않는다는 것을 비유적으로 이르는 말.

➡ 벼 이삭은 익을수록 ㄱ ㄱ 를 숙인다.

(2)

> **속담 풀이** 아무리 위급한 경우를 당하더라도 정신만 똑똑히 차리면 위기를 벗어날 수가 있다는 말.

➡ ㅎ ㄹ ㅇ 에게 물려 가도 정신만 차리면 산다.

4 다음 설명에 알맞은 낱말을 찾아 선으로 잇고, 그 낱말을 넣어 문장을 완성하세요.

(1) 억세고 질긴. • • ㉮ 강인한

(2) 행동이 들뜨지 아니하고 차분한. • • ㉯ 정벌한

(3) 적 또는 죄 있는 무리를 무력으로써 친. • • ㉰ 침착한

(4) 소이는 서두르지 않고 　　　　　　 행동을 하여 위기에서 벗어났다.

(5) 　　　　　　 정신력으로 마라톤 대회에서 끝까지 달렸다.

(6) 그 장군은 오랑캐를 　　　　　　 공으로 큰 상을 받았다.

6주
·
5일

낱말 퍼즐을 완성해요.

다음 가로 열쇠와 세로 열쇠를 읽고, 빈칸에 알맞은 낱말을 써넣으세요.

●: 가로   ▲: 세로

가로 열쇠

❶ 부모님 중에서 여자 어른을 이르거나 부르는 말. '어머니'의 다른 말.

❷ 펴고 접을 수 있어 비가 올 때에 펴서 손에 들고 머리 위를 가리는 것.

❸ 부모, 형제, 자매 등 한 집 안에서 같이 생활하는 사람들을 뜻하는 말.

❹ 높은 곳이나 낮은 곳을 오르내릴 때 디딜 수 있도록 만든 기구.

❺ 부모님 중에서 남자 어른을 이르거나 부르는 말. '아빠'의 다른 말.

❻ 봄에 꽃밭에서 많이 볼 수 있는 곤충. '○○야, ○○야, 이리 날아오너라.'

❼ 무지개의 마지막 색. 빨강, 주황, 노랑, 초록, 파랑, 남색 그리고 ○○.

❽ 귀가 길고 깡충깡충 뛰어다니는 동물. '산○○ ○○야. 어디를 가느냐.'

세로 열쇠

▲ 개와 비슷한 갈색 동물. 꾀가 많은 사람을 가리키기도 함. '늑대와 ○○'.

▲ 지구 위에서 육지를 제외한 부분으로 짠물로 가득 찬 부분.

▲ 젖먹이 아이를 이르는 말.

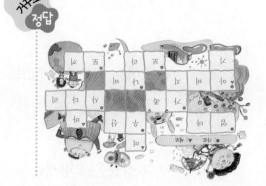

초등 국어 **독해**와 **어휘**를 한 번에!

초능력 국어 독해 ③ 단계 학년

정답 및 풀이

차례

초능력
국어 독해

정답 및 풀이

3단계

1주

1일 사회

본문 10~13쪽

 어휘 퀴즈

10쪽 / ❶ 풍경 　　❷ 백사장

12쪽 / ❶ 갯마을 　　❷ 제철

---

1 우두봉(쇠머리 오름)

2 ①, ④

3 ④

4 우도 / 소 / 서빈백사

5 ②, ④, ⑤

6 (1) ㉮　(2) ㉯

7 ⑤

8 김포 / 문수산 / 대명항

지문이 **궁금해**

"천국의 섬, 우도"

• 글의 종류　기행문

• 글의 특징　지난 주말에 가족과 함께 제주도 동쪽 끝에 있는 아름다운 섬인 우도를 여행하면서 본 것과 느낀 점을 쓴 글로, 시간의 순서에 따른 장소의 변화가 잘 나타나 있습니다.

• 글의 흐름

지난 주말, 가족과 우도를 여행하게 됨.	→	성산항에서 출발해 우두봉, 서빈백사에 감.	→	아버지께서 옛이야기를 들려주심.

"김포의 자랑거리"

• 글의 종류　소개하는 글

• 글의 특징　김포를 소개하는 글로, '김포'라는 이름의 유래와 경치가 아름다운 문수산, 싱싱한 제철 어류가 많은 대명항에 대하여 설명하고 있습니다.

• 글의 흐름

우리나라에서 쌀농사를 시작한 곳은 김포임.	→	김포는 통일 신라 이후부터 '김포'로 불림.	→	김포에는 문수산과 대명항이 있음.

1　우도에서 가장 높은 봉우리인 우두봉은 쇠머리 오름이라고도 합니다.

2　'성산항 – 하우목동 선착장 – 우두봉 – 서빈백사'로 여행한 과정이 나타나 있습니다.

> **독해 비법**　기행문에 나타난 여정, 견문, 감상을 파악해요!
>
> • **여정**: 성산항 → 하우목동 선착장 → 우두봉 → 서빈백사
> 　여행의 과정
> • **견문**: 우두봉에 오른 뒤 본 풍경, 서빈백사의 초록빛 바다와
> 　보고 들은것　서빈백사가 바다 건너 제주도의 산봉우리들과 마주본 모습,
> 　'만행이 할머니' 이야기 등
> • **감상**: '서빈백사가 바다 건너 제주도의 산봉우리들과 마주본
> 　생각이나 느낌　모습이 잊혀지지 않았습니다.', '나와 동생은 바닷속에서 만행
> 　이 할머니가 불쑥 나타날 것만 같다며 깔깔 웃었습니다.' 등

3　우도를 여행한 과정과 글쓴이가 보고 들은 것에 대해 생각하거나 느낀 점이 드러나 있습니다.

4　우도는 누워 있는 소의 모양을 한 아름다운 섬으로, 우리 가족은 '우두봉', '서빈백사' 등을 여행하였습니다.

5　예로부터 비옥한 농경지와 물길의 중심지로 알려진 김포에는 조선 숙종 때 쌓은 문수산성이 있고, 대명항도 있는데, 대명항은 대망처럼 바다를 향해 굽어 있다고 해서 대망고지, 대명곶으로 불렸습니다.

> **오답**을 조심해
>
> ① 김포는 고구려 때 '검포'라고 불렸습니다.
> ③ 이 글에서 문수산 꼭대기에 오르면 북한에 있는 송악산까지 볼 수 있다고 하였지만 문수산이 북한에 속해 있는 것은 아닙니다.

6　김포의 금강산이라 불리는 곳은 '문수산', 대망처럼 바다를 향해 굽어 있는 곳은 '대명항'입니다.

7　⑤에는 꼭 한 번 김포로 여행을 가고 싶다는 민준이의 생각이나 느낌이 드러나 있습니다. 나머지는 글을 통해 알게 된 사실을 말하고 있습니다.

8　고구려 때 '검포'라고 불렸던 김포는 문수산과 대명항 등 자랑할 만한 곳이 많은 고장입니다.

2일 과학

어휘 퀴즈

14쪽 / ❶ 해소　　❷ 면역력

16쪽 / ❶ 지양해야　❷ 출시

---

1 ⑤

2 침엽수

3 ③, ⑤

4 항균 / 피톤치드 / 면역력

5 플라스틱

6 ②

7 ③, ④, ⑤

8 플라스틱 / 생명 / 환경

지문이 궁금해

"천연 항균 물질, 피톤치드"

• 글의 종류 설명하는 글

• 글의 특징 식물이 만들어 내는 항균 물질인 피톤치드에 대해 설명하는 글로, 피톤치드의 여러 가지 효과에 대하여 자세히 알 수 있습니다.

• 글의 흐름

피톤치드는 천연 항균 물질임.	→	피톤치드는 여러 가지 효과가 있음.	→	피톤치드는 기온이 높을 때와 아침에 많이 나옴.

"플라스틱 이제 그만!"

• 글의 종류 주장하는 글

• 글의 특징 플라스틱 쓰레기를 줄이기 위해 효과적인 플라스틱 재활용 방법 마련하기, 일회용 플라스틱 제품의 사용 줄이기, 플라스틱을 대신할 새로운 소재 개발하기 등을 내세우고 있는 글입니다.

• 글의 흐름

효과적인 플라스틱 재활용 방법을 마련해야 함.	→	일회용 플라스틱 제품의 사용을 줄여야 함.	→	플라스틱을 대신할 새로운 소재를 개발해야 함.

---

1 천연 항균 물질인 피톤치드는 6~8월 기온이 가장 높을 때와 해가 뜨는 아침 6시쯤에 가장 많이 나오고, 편백나무 숲보다 소나무 숲에서 더 많이 나온다고 하였습니다.

2 소나무, 잣나무, 편백나무 등은 잎이 바늘처럼 가늘고 길며 끝이 뾰족한 침엽수이며, 피톤치드를 많이 뿜어 냅니다.

3 피톤치드는 몸과 마음을 안정시키고, 면역력을 강화하여 자연적으로 몸이 낫도록 도와주며, 깊은 잠을 잘 수 있게 합니다. 또한 집 먼지 진드기가 늘어나는 것을 막아 줍니다.

> **독해 비법** 글에서 설명하는 내용을 바르게 파악해요!
>
> 피톤치드는 안전한 천연 항균 물질로 여러 가지 효과가 있습니다. 피톤치드는 몸과 마음을 안정시킵니다. 피톤치드를 흡수하면 스트레스가 해소되어 몸과 마음이 편안해집니다. 또, 피톤치드는 면역력을 강화하여 자연적으로 몸이 낫도록 도와주고, 깊은 잠을 잘 수 있게 합니다. ①, ②가 오답임을 알 수 있음. 이뿐만 아니라, 집 먼지 진드기가 늘어나는 것을 막아서 ④가 오답임을 알 수 있음. 아토피 피부염 같은 질병에도 효과가 있는 것으로 알려져 있습니다. ⑤

4 식물이 스스로를 보호하기 위해 만들어 내는 항균 물질인 피톤치드는 몸과 마음을 안정시키고 면역력을 강화하여 자연적으로 몸이 낫도록 도와줍니다.

5 이 글에서는 플라스틱에 대하여 말하고 있습니다.

6 과학 기술의 발달로 플라스틱을 대신할 신소재를 개발하는 일이 그리 어려운 일이 아니라고 하였습니다.

7 글쓴이는 플라스틱 쓰레기를 줄일 수 있는 방법으로 효과적인 플라스틱 재활용 방법 마련하기, 일회용 플라스틱 제품의 사용 줄이기, 플라스틱을 대신할 새로운 소재 개발하기를 제시하였습니다.

8 우리 모두 함께 플라스틱 쓰레기 줄이기를 실천하여 지구의 생명과 환경을 보호합시다.

정답 및 풀이 3

3 일 문학

본문 18~21쪽

어휘 퀴즈

18쪽 / ❶ 자격 ❷ 유혹

20쪽 / ❶ 의연하게 ❷ 고비

1 ②

2 (1) ㉯ (2) ㉮

3 ⑤

4 아파나시 / 황금 / 땀

5 ④

6 (1) ㉯ (2) ㉮

7 ㉠ 담쟁이 잎(마지막 잎새)

8 존시 / 마지막 / 베어먼

지문이 궁금해

"두 형제와 황금"

- **글의 종류** 세계 명작 동화
- **글의 특징** 금화를 보고 도망친 동생과 금화를 가져다 불쌍한 사람들을 도운 형의 행동을 통해 불쌍한 사람들을 돕는 것은 황금이 아닌 땀이라는 것을 깨닫게 하는 이야기입니다.
- **글의 흐름**

| 아파나시는 자신의 행동에 만족함. | ➡ | 천사가 아파나시를 꾸짖음. | ➡ | 아파나시는 자신의 잘못을 뉘우침. |

"마지막 잎새"

- **글의 종류** 세계 명작 동화
- **글의 특징** 폐렴에 걸려 모든 것을 포기하고 마지막 잎이 떨어지면 자신도 죽을 것이라 생각했던 존시가 베어먼 할아버지의 희생을 통해 삶의 의지를 되찾는 이야기입니다.
- **글의 흐름**

| 존시가 마지막 잎이 떨어지지 않은 것을 발견함. | ➡ | 존시는 그 잎을 통해 살아갈 자신감을 얻음. | ➡ | 수와 존시는 마지막 잎새가 할아버지의 그림임을 알게 됨. |

1 천사는 이오안의 행동이 훨씬 값지다고 하였습니다.

2 이오안은 금화를 보자마자 뛰어 달아났고, 아파나시는 금화로 사람들을 도왔습니다.

독해 비법 등장인물이 한 일을 파악해요!

아파나시는 이오안의 행동이 궁금해졌습니다.

'이오안은 그때 왜 금화를 보고 도망쳤을까? 이오안이 잘못 생각했어. ~~이오안은 금화를 보고 뛰어 달아남.~~ 금화를 가져온 내 행동이 옳아. 그 금화로 많은 사람을 도울 수 있었으니까 말이야.' ~~아파나시는 금화로 사람들을 도움.~~

3 아파나시는 악마의 유혹에 넘어간 자신의 잘못을 진심으로 뉘우쳤습니다.

오답을 조심해

① 천사는 진심으로 뉘우친 아파나시를 용서하여 이오안에게 가는 길을 터 준 것입니다.

② 천사가 이랬다저랬다 하는 부분은 나타나 있지 않습니다.

③ 이오안은 금화가 뭔지 몰라서가 아니라 악마의 유혹에 넘어가지 않기 위해 뛰어 달아난 것입니다.

④ 아파나시는 천사의 말을 듣고 진심으로 뉘우쳤습니다.

4 아파나시 는 불쌍한 사람들을 돕는 것은 황금 이 아니라 오직 땀 이라는 것을 깨달았습니다.

5 마지막 잎이 떨어지면 죽을 거라고 생각했던 존시는 담벼락에 의연하게 매달린 잎을 보고 살아갈 자신감을 되찾았습니다.

6 아픈 친구를 정성껏 돌본 것은 수이고, 자신의 나약함을 깨닫고 자신감을 회복한 것은 존시입니다.

7 베어먼 할아버지의 구두와 옷이 흠뻑 젖어 있고 흙 묻은 사다리와 붓, 팔레트 등이 흩어져 있었던 것으로 보아 베어먼 할아버지가 존시를 위해 담벼락에 올라가 담쟁이 잎을 그리셨다는 것을 짐작할 수 있습니다.

8 존시 는 마지막 잎이 떨어지면 자신도 죽을 것이라 생각했지만 베어먼 할아버지가 비바람 속에 그린 담쟁이 잎을 보고 삶의 의지를 되찾았습니다.

 어휘 퀴즈

22쪽 / ❶ 고결함　　❷ 해방감
24쪽 / ❶ 절개　　　❷ 단순하게

1 ⑤
2 여백
3 ②
4 수묵화 / 선비 / 여백
5 ⑤
6 어몽룡
7 (2) ○
8 월매도 / 지조 / 절개

지문이 궁금해

"자연을 그린 수묵화"

• 글의 종류　설명하는 글
• 글의 특징　주로 선비들이 인격을 완성하고 마음을 수양하기 위해 그렸던 수묵화에 대해 설명하는 글로, 수묵화의 정의, 대상과 특징에 대해 자세히 알 수 있습니다.
• 글의 흐름

수묵화는 검은 먹으로만 그린 그림임.	→	수묵화의 대상은 자연임.	→	수묵화의 가장 큰 특징은 '여백의 미'임.

"월매도를 아시나요?"

• 글의 종류　설명하는 글
• 글의 특징　조선 시대에 살았던 화가인 어몽룡이 그린 '월매도'에 대하여 설명하는 글로, 월매도의 특징과 화법, 월매도에 대한 평가에 대하여 알 수 있습니다.
• 글의 흐름

매화는 지조와 절개의 상징임.	→	'월매도'는 어몽룡의 매화 그림임.	→	월매도는 선비 정신이 강하게 표현된 그림임.

1 수묵화는 주로 선비들이 인격을 완성하고 마음을 수양하기 위해 그렸습니다.

2 수묵화의 하얗게 빈 공간을 여백이라고 하는데, 이 여백은 해방감과 여유를 나타내며 보는 사람들이 마음껏 상상할 수 있도록 남겨 둔 공간입니다. 따라서 빈칸에는 '여백'이 들어가야 합니다.

3 문단 2에서 먹의 짙고 엷음의 정도에 따라 농묵, 중묵, 담묵으로 나뉜다고 했습니다.

독해 비법　각 문단의 중심 내용을 찾아보아요!

• 문단 1 : 수묵화는 주로 선비들이 인격을 완성하고 마음을 수양하기 위해 그렸음.
• 문단 2 : 수묵화는 먹의 짙고 엷음의 정도를 조절하여 그림.
• 문단 3 : 수묵화의 대상은 자연이고, 그림을 그리는 사람의 마음속을 드러내고자 함.
• 문단 4 : 수묵화의 가장 큰 특징은 '여백의 미'임.
• 문단 5 : 수묵화에 대한 관심이 점점 높아지고 있음.

4 수묵화는 선비들이 인격을 완성하고 마음을 수양하기 위해 그렸으며, '여백의 미'가 가장 큰 특징입니다.

5 월매도에서 굵은 가지와 꽃잎은 테두리 없이 표현했다고 하였습니다.

6 '월매도'는 조선 중기의 화가인 어몽룡이 그린 작품입니다.

7 문단 1은 처음 부분으로, 예로부터 시나 그림의 소재가 되는 매화의 특성을 밝혔고, 문단 2와 3은 중간 부분으로, '월매도'의 특징과 화법에 대해 설명했습니다. 문단 4는 끝부분으로, 월매도에 대한 평가가 나타나 있습니다. 이러한 글의 짜임을 나타낸 것은 (2)입니다.

8 비단 위에 그린 수묵화 '월매도'는 선비 정신인 지조와 절개가 강하게 표현된 조선 시대 최고의 매화 그림입니다.

5 일 문학

본문 26~29쪽

어휘 퀴즈

26쪽 / ❶ 빨랫줄 　　❷ 지도

28쪽 / ❶ 강변 　　❷ 뜰

---

1 ②

2 ④

3 ③, ⑤

4 엄마 / 만주 / 아빠

5 ⑤

6 ⑤

7 ③, ⑤

8 엄마 / 누나 / 강변

지문이 궁금해

"오줌싸개 지도"

• 글의 종류　동시

• 글의 특징　오줌 싼 동생의 마음을 이해해 주려는 형의 마음이 잘 표현된 시입니다.

• 글의 흐름

> 지난밤 동생이 오줌을 싸 그린 지도를 보고 돌아가신 엄마와 돈 벌러 가신 아빠를 떠올림.

"엄마야 누나야"

• 글의 종류　동시

• 글의 특징　평화로운 자연 속에서 엄마, 누나와 단란하게 살고 싶은 아이의 마음이 잘 표현된 시입니다.

• 글의 흐름

> 엄마, 누나와 평화롭고 아름다운 강변에서 살고 싶음.

---

1 이 글은 '시'로, 생각이나 느낌을 리듬감 있는 언어로 짧게 표현한 글입니다. ①은 희곡, ③은 주장하는 글, ④는 정보를 전달하는 글, ⑤는 기사문입니다.

2 동생이 요에 오줌을 싸서 지도를 그렸습니다.

3 말하는 이는 동생이 오줌을 싼 자국을 보고 엄마가 계시는 별나라 지도와 아빠가 계신 만주 땅 지도를 떠올렸습니다.

독해 비법 인물이 처한 상황을 알아보아요!

> 꿈에 가 본 엄마 계신
> *엄마가 돌아가심.*
> 별나라 지돈가?
>
> 돈 벌러 간 아빠 계신
> *아빠가 만주에 가 계심.*
> 만주 땅 지돈가?

→ 말하는 이와 동생에게는 부모님이 계시지 않습니다. 어머니는 돌아가셨고, 아버지는 만주로 가셨습니다. 아버지가 돈 벌러 만주에 가셨다는 것을 통해 1930년대 일본에 나라를 빼앗겼던 시절, 우리나라 사람들이 나라를 떠나 만주 등으로 가야만 했던 시대 상황도 짐작할 수 있습니다.

4 말하는 이는 빨랫줄에 걸린 요를 바라보다가 돌아가신 엄마와 돈을 벌러 만주에 가신 아빠를 그리워하고 있습니다.

5 '엄마야, 누나야'라고 하는 것으로 미루어 어린 남자아이라는 것을 알 수 있습니다.

6 이 시에서는 강변의 풍경을 '반짝이는 금모래 빛'으로 표현하여 눈으로 보는 듯이 나타냈고, '갈잎의 노래'로 표현하여 귀로 듣는 듯이 나타냈습니다.

7 '엄마야 누나야, 강변 살자.'가 첫 행과 마지막 행에 반복되어 리듬감이 느껴지며, '강변'은 가족과 함께 살고 싶은 아름답고 평화로운 공간을 뜻합니다.

8 말하는 이는 엄마와 누나에게 아름답고 평화로운 공간인 강변에 살자고 이야기하고 있습니다.

독해 속 어휘 마무리!

본문 30~31쪽

1 (1) 안정　(2) 이해　(3) 지도

2 (1) 풍경　(2) 강화　(3) 값지게　(4) 넋　(5) 수양　(6) 빨랫줄

3 (1) 해충　(2) 선착장　(3) 지폐

4 (1) 인공　(2) 값싼　(3) 지향

1일 사회

본문 34~37쪽

어휘 퀴즈

34쪽 / ❶ 몰입   ❷ 금지

36쪽 / ❶ 혁명   ❷ 자율

---

1 ⑤

2 희수, 송이

3 ⑤

4 스마트폰 / 위험성 / 교육

5 ④

6 (1) ○ (2) ○ (3) ○

7 ④

8 과학 기술 / 교통수단

지문이 궁금해

"안전을 위협하는 스몸비"

- **글의 종류** 주장하는 글
- **글의 특징** 하루 종일 스마트폰 사용에만 몰입하여 주변을 잘 인식하지 못하는 '스몸비'에 대해 알려 주면서 올바른 스마트폰 사용을 위한 대책 및 당부를 전하고 있는 글입니다.
- **글의 흐름**

| 스마트폰의 지나친 사용으로 문제가 발생함. | ➡ | 스마트폰으로 인해 교통사고가 많이 일어남. | ➡ | 올바른 스마트폰 사용을 위한 대책이 필요함. |

"교통수단의 발달"

- **글의 종류** 설명하는 글
- **글의 특징** 옛날 사람들이 이용하던 말이나 가마 등에서부터 오늘날의 버스, 트럭, 기차 등과 KTX까지 설명하고 있는 글로, 시간의 흐름에 따른 교통수단의 발전에 대해 알 수 있습니다.
- **글의 흐름**

| 옛날의 교통수단은 불편한 점이 많았음. | ➡ | 오늘날 과학의 발달로 교통 수단도 발전함. | ➡ | 미래의 교통수단이 머지않아 생길 것임. |

---

1 ⑤는 교통수단으로 할 수 있는 일이지, 스마트폰과 같은 통신 수단으로 할 수 있는 일이 아닙니다.

2 '스몸비'란 스마트폰과 좀비를 합해서 만든 말로, 스마트폰을 보며 길을 걷는 사람을 뜻하는 말입니다. 스몸비는 주변을 잘 인식하지 못하여 보행 중 교통사고를 일으키는 경우가 많다고 하였습니다.

3 이 글에서 스몸비로 인해 교통사고가 발생한다는 사실을 알려 주고 스몸비 교통사고를 줄이기 위한 여러 대책을 제시한 것으로 보아, 길을 걸을 때에는 스마트폰을 사용하지 말자는 내용을 말하려고 한다는 것을 알 수 있습니다.

4 보행 시 스마트폰 사용의 위험성을 깨닫고, 스마트폰의 올바른 사용에 대한 지속적인 교육과 대책이 필요합니다.

5 옛날 교통수단은 시간이 오래 걸리고 사람의 힘이 많이 들었습니다.

6 이 글에서는 옛날 교통수단으로 말, 가마, 소달구지, 당나귀, 뗏목, 돛단배를 예로 들었고, 오늘날 교통수단으로 버스, 트럭, 기차, 비행기를 예로 들었습니다.

7 ㉠의 앞 문단에는 KTX로 인해 서울에서 부산까지 더 빨리 가게 되었고 더 많은 사람들이 탈 수 있게 되었다는 내용이 나오므로, ④가 들어가는 것이 알맞습니다.

독해 비법 글의 내용을 자세히 살펴보아요!

1900년대 초까지만 해도 서울에서 부산까지 기차로 17시간이 넘게 걸렸습니다. 그런데 KTX의 개통으로 요즘은 서울에서 *교통수단의 발달로 달라진 생활 모습①* 부산까지 2시간 30분이면 가게 되었습니다. 속도의 혁명이라고 표현할 수 있을 정도입니다. 또한 KTX는 한 번에 무려 900 *교통수단의 발달로 달라진 생활 모습②* 여 명을 실어 옮길 수 있습니다.

8 과학 기술이 발달하면서 사람들은 여러 가지 교통수단을 만들어 냈고, 특히 한국고속철도는 한국의 교통 체계를 혁명적으로 바꾸었습니다.

2일 과학

38쪽 / 1 습지   2 노폐물
40쪽 / 1 대기   2 일교차

1 ④
2 ②
3 (1) ④   (2) ㉮
4 갯벌 / 생물 / 피해
5 ③
6 생물
7 ②
8 바다 / 물 / 생물

지문이 궁금해

"갯벌은 살아 있다!"

• 글의 종류 설명하는 글

• 글의 특징 우리에게 많은 것을 베풀어 주는 갯벌의 가치에 대해 자세히 설명하는 글로, 더 늦기 전에 갯벌을 보호해야 하는 필요성에 대하여 깨달을 수 있습니다.

• 글의 흐름

갯벌은 바다 생물의 먹이를 제공해 줌.	→	갯벌은 홍수나 태풍으로부터 피해를 줄여 줌.	→	갯벌은 바다를 깨끗하게 하고, 산소를 만듦.

"달에 생물이 살까요?"

• 글의 종류 설명하는 글

• 글의 특징 달 표면은 어떤 모습이며 어떤 특징을 가지고 있는지에 대하여 자세히 설명하는 글로, 달에는 물과 대기가 없기 때문에 생물이 살 수 없음을 알 수 있습니다.

• 글의 흐름

달 표면에는 어두운 곳과 밝은 곳이 있음.	→	달 표면을 이룬 암석이 달라 밝기가 다름.	→	달에는 생물이 살지 않음.

1 제시된 내용은 '갯벌'에 대한 설명입니다.

2 최근에 갯벌의 가치와 중요성이 널리 알려지고 있다고 하였습니다.

3 갯벌은 노폐물을 걸러 주는 콩팥처럼 오염된 바다를 깨끗하게 해 자연의 콩팥이라 불리고, 갯벌에 사는 플랑크톤이 산소를 만들어 내서 지구의 허파라고 불립니다.

4 '자연의 콩팥', '지구의 허파'라고도 불리는 갯벌 은 다양한 생물 이 사는 곳으로, 홍수나 태풍으로부터 피해 를 줄여 주는 역할을 합니다.

5 달의 표면은 이루고 있는 암석이 달라서 어둡게 보이는 곳(바다)과 밝게 보이는 곳(육지)이 있습니다. 달의 '바다'에는 물이 없습니다.

오답을 조심해

① 달의 '바다'에는 물이 없습니다.
② 달 표면을 이루고 있는 암석이 달라서 달 표면의 밝기가 달라 보이는 것입니다.
④ 달의 표면에서 어둡게 보이는 곳을 달의 '바다'라 부르고, 밝게 보이는 곳을 달의 '육지'라 부릅니다.
⑤ 옛날 사람들은 달에서 어둡게 보이는 곳에 물이 가득 차 있을 거라고 생각했습니다.

6 달에는 물과 대기가 없어 일교차가 매우 큽니다. 이러한 환경은 생물이 살기에 적당하지 않다고 하였습니다.

7 달은 지구 크기의 4분의 1로 지구보다 작습니다.

독해 비법 글의 내용을 자세히 살펴보아요!

달은 지구 크기의 4분의 1이고, 중력은 6분의 1에 지나지 않아요. 달은 중력이 약하기 때문에 대기를 유지할 수 없습니다. 따라서 물이나 바람에 의한 침식이 없기 때문에 움푹 파인 큰 구덩이 모양의 지형이 만들어진 채 그대로 남아 있답니다.
소율이가 잘못 이해한 부분 ①
소율이가 잘못 이해한 부분 ②

8 달의 표면에서 어둡게 보이는 곳은 바다 '로 불리지만 실제로는 물 이 없으며, 달에는 물과 대기가 없기 때문에 생물 이 살 수 없습니다.

3일 문학

본문 42~45쪽

어휘 퀴즈

42쪽 / ① 깃들어 ② 얼레

44쪽 / ① 폐수 ② 거듭했기

---

1 ③

2 (1) ○ (2) ○ (3) ○ (4) ○ (5) ✕

3 ④

4 혼 / 연 머리 / 태극 무늬

5 ⑤

6 발길질

7 ①

8 황소발길질 / 장대비 / 파도

지문이 궁금해

"연 할아버지"

• **글의 종류** 창작 동화

• **글의 특징** 하얀 한지에 대나무 살을 붙여 하늘을 훨훨 나는 연을 만드는 연 할아버지에 대한 이야기로, 연에 담겨 있는 우리 민족의 정신에 대하여 생각해 볼 수 있습니다.

• **글의 흐름**

| 연 할아버지는 참대나무를 이용해 연을 만드심. | → | 할아버지께서는 연에 민족의 혼이 깃들어 있다고 말씀하심. |

"바람 속 바람"

• **글의 종류** 창작 동화

• **글의 특징** 지난여름에 공장 폐수로 오염된 곳을 황소발길질 태풍이 휩쓸어 버리는 내용으로, 사람들 때문에 오염된 자연 생태계에 대해 반성해 볼 수 있습니다.

• **글의 흐름**

| 소나기바람과 회오리바람이 집과 나무를 쓰러뜨림. | → | 바람들은 오염으로 뻘겋게 물든 바닷물을 봄. |

---

1 사람들은 할아버지께서 연을 만드셔서 '연 할아버지'라고 불렀습니다. 하늘을 훨훨 나는 종이새는 연을 뜻합니다.

2 일본 사람들은 우리나라 사람들이 연날리기를 하는 것을 방해했습니다.

3 할아버지께서 우리 민족의 혼이 깃든 연을 만드시고, 연 머리에 꼭 태극 무늬를 그려 넣으시며, 성이와 사람들에게 하신 말씀을 통해 할아버지께서 민족의 혼을 일깨우려고 하셨다는 것을 짐작할 수 있습니다.

4 연 할아버지께서는 연을 만드실 때 민족의 [혼]을 일깨우기 위하여 [연][머][리]에 꼭 [태][극][무][늬]를 그려 넣으셨습니다.

5 소나기바람이 장대비를 내리게 하고 회오리바람이 거친 파도를 일게 하였습니다. 소나기바람은 사람들이 흘려보낸 더러운 물 때문에 바닷물이 뻘겋게 물들고 물고기가 떠났다며 자신을 말리지 말라고 하였습니다.

6 돌개바람이 손길을 멈추었지만 소나기바람과 회오리바람이 발길질을 거듭해서 집과 나무가 연달아 쿵쿵 쓰러졌습니다.

7 돌개바람은 달아나는 새 떼를 보고 손길을 거두고 집과 나무가 쓰러지는 걸 보고 소나기바람과 회오리바람을 말립니다.

독해 비법 등장인물의 성격을 파악해요!

• 저만치 놀라서 푸드덕 달아나는 새 떼가 보였다. 얼른 손길을 거두었다. → 조심스럽게 행동하는 성격

• 보다 못한 돌개바람이 뒷덜미를 잡아당기며 말렸다.

→ 생각이 깊은 성격

---

8 더러운 물을 마구 쏟아 낸 뭍에 다다른 [황][소][발][길][질] 태풍은 [장][대][비]를 내리게 하고 거친 [파][도]를 일으켰습니다.

4일 인물

본문 **46~49**쪽

 어휘 퀴즈

46쪽 / ❶ 걸작　　❷ 칭송

48쪽 / ❶ 예인　　❷ 소질

---

1 ③

2 (1) ㉣　(2) ㉮　(3) ㉰　(4) ㉯

3 ⑤

4 비틀스 / 비트 / 사색

5 ②

6 ④

7 재인

8 김덕수 / 소리 / 도전

지문이 궁금해

"팝 아티스트 비틀스"

• **글의 종류** 설명하는 글

• **글의 특징** 20세기 최고의 팝 아티스트인 비틀스에 대하여 설명하는 글로, 비틀스라는 이름의 유래, 비틀스 노래와 노랫말의 특징 등에 대해 자세히 알 수 있습니다.

• **글의 흐름**

| 비틀스는 1960년에 만들어진 로큰롤 밴드임. | → | 비틀스 노래는 시간의 흐름에 따라 변화함. | → | 인기를 얻은 비틀스는 1971년에 흩어지게 됨. |

"사물놀이를 탄생시킨 김덕수"

• **글의 종류** 전기문

• **글의 특징** 사물놀이를 탄생시킨 김덕수에 대해 설명하는 글로, 김덕수의 성장 과정이 자세히 나타나 있으며 김덕수가 하는 새로운 도전에 대하여 알 수 있습니다.

• **글의 흐름**

| 김덕수가 남사당패에 들어감. | → | 김덕수는 전국적인 인기를 얻음. | → | 김덕수는 새로운 도전을 시작함. |

---

1 비틀스는 초기에는 밝은 분위기를 내기 위해 4분의 4 박자를 많이 사용하였다가 1965년 '예스터데이'를 발표하면서 조금 느린 단조 형식의 음악을 만들기 시작하였습니다.

2 존은 리듬 기타, 링고는 드럼, 조지는 리드 기타, 폴은 베이스를 연주하였습니다.

3 비틀스의 노래는 초기에는 사랑 노래가 많았다가 1965년 이후로는 사색과 인생의 노래로 바뀌어 갔습니다.

4 네 명의 영국 출신 청년들이 모여 만든 로큰롤 밴드 비틀스 는 강한 리듬과 비트 가 있는 음악으로 시작했으나 사색 과 인생을 담은 음악으로 변신하였고, 전 세계 젊은이들에게 큰 인기를 얻었습니다.

5 소질을 알아본 아버지에 의해 남사당패에 들어간 김덕수는 타고난 소질과 노력 덕분에 사물놀이를 만들 수 있었습니다.

6 앞 문장에서 아버지가 김덕수를 몰래 데리고 나왔다고 한 것으로 보아 김덕수의 어머니는 김덕수가 남사당패에 들어가는 것을 반대하셨을 것입니다.

> **독해 비법** 앞뒤 내용을 통해 빈칸에 들어갈 말을 짐작해요!
>
> 　어느 날, 김덕수의 소질을 알아본 아버지는 어머니 몰래 <u>김덕</u>
> 　　　　　　　아버지는 어머니와 다른 태도를 보임
> <u>수에게 새 옷을 입혀 데리고 나왔습니다.</u> 어머니가 아들이 남
> 　　　어머니 몰래 한 행동
> 사당패에 들어가는 것을 [㉠] 했기 때문이지요.
>
> → 어머니와 다른 태도를 보이는 아버지가 어머니 몰래 행동하려 했던 것을 통해 어머니가 반대했음을 짐작할 수 있습니다.

7 김덕수는 사물놀이의 전통 리듬에 젊은 세대가 즐기는 전자 음악을 합쳐 새로운 소리를 만드는 도전을 하고 있습니다. 재인이는 김덕수의 이런 점에 대한 자신의 생각을 알맞게 말하였습니다.

8 김덕수 는 사물놀이를 탄생시킨 것에 만족하지 않고 새로운 소리 를 만들어 내기 위해 계속 도전 하였습니다.

문학

본문 50~53쪽

어휘 퀴즈

50쪽 / ❶ 엄살　　❷ 기부

52쪽 / ❶ 거두게　　❷ 이글거리는

1 ④

2 ㉯, ㉰

3 ②

4 스크루지 / 크리스마스 / 기부

5 (1) 4　(2) 2　(3) 3　(4) 1

6 ③

7 (1) ㉰　(2) ㉮

8 빌헬름 텔 / 게슬러 / 사과 / 활

지문이 궁금해

"크리스마스 캐럴"

• 글의 종류　희곡

• 글의 특징　스크루지가 크리스마스 이브에 유령을 만난 뒤 인생을 돌아보는 희곡의 일부입니다.

• 글의 흐름

| 크리스마스 이브에 스크루지는 보브와 조카에게 화를 냄. | ➡ | 스크루지는 가난한 사람들을 위해 모금하는 신사를 인색하게 대함. |

"빌헬름 텔"

• 글의 종류　희곡

• 글의 특징　빌헬름 텔을 중심으로 자유와 독립을 지키는 스위스 사람들을 다룬 희곡의 일부입니다.

• 글의 흐름

| 빌헬름 텔이 아들 머리 위 사과를 정확히 맞힘. | ➡ | 게슬러가 자신을 쏘려 한 빌헬름 텔을 감옥에 가둠. |

1 난롯불이 꺼져 가 글씨를 쓸 수 없을 만큼 추웠기 때문입니다.

2 추워서 석탄을 더 넣고 싶어 하는 보브에게 절대로 안 된다고 하고 가난한 사람에게 한 푼도 줄 수 없다고 한 것에서 인색하고 인정 없는 성격이 드러납니다.

3 예의 바른 보브의 성격과 적은 돈이지만 기부를 하겠다는 보브의 말로 보아 '공손한'이 들어가는 것이 알맞습니다.

4 구두쇠 영감 스크루지 는 크리스마스 에도 인정을 베풀지 않으며 기부 를 하지 않겠다고 했습니다.

5 빌헬름 텔이 아들에게 화살을 쏘지 않게 해 달라고 사정하나 거절당한 후, 몰래 화살 하나를 옷 속에 감추고 화살을 쏩니다. 화살은 아들 발터의 머리 위에 놓인 사과에 명중했고, 게슬러는 만약 아들이 다쳤다면 게슬러를 쏘려고 했다는 빌헬름 텔의 말을 듣고 빌헬름 텔을 감옥으로 보내었습니다.

6 ㉠은 빌헬름 텔이 게슬러에게 사정하는 말입니다. 따라서 간절하게 부탁하는 마음이 잘 나타나는 목소리나 표정, 몸짓으로 읽어야 합니다.

7 빌헬름 텔은 일이 잘못되면 게슬러를 쏘려고 화살을 몰래 숨기는 것으로 보아 치밀하고 계획적인 성격이고, 게슬러는 아들에게 활을 쏘라고 시키는 것으로 보아 잔인하고 핑계를 대며 빌헬름 텔을 감옥에 가두는 것으로 보아 교활한 성격입니다.

8 빌헬름 텔 은 게슬러 의 명령으로 아들의 머리 위에 사과 를 올려놓고 활 로 쏘아 맞히었습니다.

독해 속 어휘 마무리!

본문 54~55쪽

1 (1) ②　(2) ②　(3) ②

2 (1) 칭찬　(2) 능력　(3) 뚫다

3 (1) 하늘, 땅　(2) 바람

4 (1) ㉯　(2) ㉰　(3) ㉮　(4) 장대비　(5) 표면　(6) 철학

3주

1일 사회

본문 58~61쪽

어휘 퀴즈

58쪽 / ❶ 공존   ❷ 저렴한

60쪽 / ❶ 충동적   ❷ 낭비

---

1 ③

2 (3) ○

3 ③, ④

4 광장 시장 / 전통 / 저렴

5 ④

6 (1) ㉮   (2) ㉰   (3) ㉯

7 ②

8 소비 / 품질 / 계획적

지문이 궁금해

"전통 시장을 찾아서"

- **글의 종류** 텔레비전 방송
- **글의 특징** 텔레비전 리포터가 서울시 종로구에 있는 광장 시장을 찾아가 광장 시장의 역사와 특징, 광장 시장을 찾은 시민과의 인터뷰 내용 등을 전하는 글입니다.
- **글의 흐름**

| 광장 시장은 오랜 역사를 간직한 전통 시장임. | → | 광장 시장은 좋은 물건을 싸게 살 수 있음. | → | 광장 시장은 모두가 즐길 수 있는 공간임. |

"무엇을 살까?"

- **글의 종류** 주장하는 글
- **글의 특징** 바람직하지 않은 소비에 대해 설명하고 꼭 필요한 물건을 정해진 돈 안에서 품질과 성능을 생각하여 계획적으로 소비할 것을 당부하는 글입니다.
- **글의 흐름**

| 필요한 것을 계획적으로 사야 함. | → | 바람직하지 않은 소비가 문제임. | → | 바람직한 소비 습관을 길러야 함. |

---

1 시장이 처음 생겼을 때에는 쌀과 생선, 과일, 잡화 등만 살 수 있었지만 지금은 침구, 커튼, 폐백 용품 등도 살 수 있다고 했습니다.

2 ⑴은 백화점, ⑵는 대형 마트, ⑶은 전통 시장의 모습입니다.

3 가격도 싼데 품질까지 좋으니 좋고, 항상 사람들로 북적여 생동감을 느낄 수 있다고 했습니다.

> **독해 비법** 인물의 말을 자세히 살펴봐요!
>
> 시민: 네, 자주 오지요. 명절 전에 장을 보러 오기도 하고, 평상 <u>시에도 종종 들러서 김밥과 빈대떡을 사 먹고는 해요.</u> (광장 시장에 오는 때) <u>가격 도 싼데 품질까지 좋으니</u> 정말 좋아요. 그리고 항상 사람들 (광장 시장이 좋은 까닭 ①) <u>로 북적여 생동감을 느낄 수 있어요.</u> (광장 시장이 좋은 까닭 ②)

4 광장 시장은 100년의 역사를 간직한 전통 시장으로, 저렴하고 품질 좋은 물건이 많은 멋진 공간입니다.

5 꼭 필요한 물건을 가지고 있는 돈 안에서 품질이나 성능을 따져 보고 선택하는 것이 바람직한 소비입니다.

> **오답을 조심해**
>
> ①·② 꼭 필요한 물건을 정해 놓은 돈만큼 계획적으로 사는 것이 바람직한 소비입니다.
> ③ 대부분의 사람들은 그렇지 못할 것이라고 했습니다.
> ⑤ 현재 자신이 가지고 있는 돈을 생각해서 소비해야 합니다.

6 돈이나 물품 따위를 지나치게 많이 쓰는 것은 '과소비', 필요 없던 물건을 구경하거나 광고를 보다가 충동적으로 사는 것은 '충동구매', 주변 사람들에게 자랑하여 보이기 위해서 값비싼 물건을 사는 것은 '과시 소비'입니다.

7 어릴 때부터 좋은 습관을 길러야 함을 비유적으로 이르는 말입니다.

8 바람직한 소비는 꼭 필요한 물건을 정해진 돈 안에서 품질과 성능을 생각하여 계획적으로 사는 것입니다.

어휘 퀴즈

62쪽 / ❶ 움트게   ❷ 오염

64쪽 / ❶ 맨눈   ❷ 광택

1 ㉯, ㉰, ㉮

2 ④

3 ③

4 생태계 / 흙 / 보호

5 ⑤

6 ③

7 화강암은 주로 석영, 장석, 운모로 구성되어 있습니다.

8 마그마 / 장석 / 풍화

지문이 궁금해

"흙을 지키자"

• **글의 종류** 주장하는 글

• **글의 특징** 인간과 자연 생태계를 유지시키는 흙의 역할과 중요성에 대하여 알리면서 더 이상 해로운 물질로부터 흙이 오염되지 않도록 깨끗하게 보호하자는 주장을 펼치는 글입니다.

• **글의 흐름**

| 흙은 다양한 역할을 함. | → | 흙이 인간에 의해 오염됨. | → | 흙의 중요성을 알고 보호해야 함. |

"화강암에서 모래알까지"

• **글의 종류** 설명하는 글

• **글의 특징** 화강암의 특성과 화강암을 구성하는 주요 광물의 성질, 화강암의 풍화 등에 대하여 자세히 설명하는 글입니다.

• **글의 흐름**

| 화강암은 마그마로 만들어짐. | → | 화강암은 단단하고 아름다워 여러 곳에 사용됨. | → | 화강암이 풍화되면 점토나 모래가 됨. |

---

1 큰 바위나 돌이 햇빛, 물, 바람 따위에 깎이고 부서진 뒤, 거기에 동물과 식물이 썩어 생긴 유기물이 섞이고, 이렇게 하여 성숙한 흙이 됩니다.

2 흙 속에 사는 생물과 미생물은 흙이 오염되는 까닭과 관련이 없습니다.

> **독해 비법** 글의 내용을 자세히 살펴봐요!
>
> 농촌에서 사용하는 농약, 공장의 폐수와 폐기물, 가정에서 나오는 생활 하수와 쓰레기①, 공기 중의 오염 물질이 섞인 비② 등으로 흙은 고통받고 있습니다. 그리고 흙을 시멘트③ 등으로 덮어 흙의 호흡을 막는 것⑤도 흙을 오염시킨답니다.

3 소중한 흙이 인간에 의해 오염되고 있다며 흙의 중요성을 알고 보호하자는 주장을 하고 있습니다.

4 인간과 자연 생태계를 유지시키는 흙의 중요성을 알고, 흙을 보호해야 합니다.

5 화강암은 마그마가 천천히 식어서 만들어진 암석으로 단단하여 풍화되면 흙과 모래가 됩니다. 알갱이가 커서 맨눈으로 볼 수 있으며 우리나라에서 흔히 볼 수 있습니다.

> **오답을 조심해**
>
> ① 화강암은 단단한 암석입니다.
> ② 화강암이 풍화되면 미세한 점토나 모래가 됩니다.
> ③ 금강산, 설악산, 북한산의 바위들이 대부분 화강암이고, 건물을 지을 때에도 화강암을 많이 이용한다고 하였으므로 우리나라에서 보기 쉽다는 것을 알 수 있습니다.
> ④ 알갱이들은 크고 반짝여서 맨눈으로도 보입니다.

6 옛 건물의 지붕을 화강암으로 만들었다는 내용은 글에 나타나 있지 않습니다.

7 중심 문장은 문단의 내용을 대표하는 문장이고, 뒷받침 문장은 중심 문장을 도와주기 위해 덧붙여 설명하는 문장입니다.

8 화강암은 마그마가 천천히 식어서 만들어진 암석으로, 주로 석영, 장석, 운모로 구성되어 있으며, 풍화되면 점토와 모래가 됩니다.

3일 문학

본문 66~69쪽

 어휘 퀴즈

66쪽 / ❶ 귀한   ❷ 경험

68쪽 / ❶ 재판   ❷ 뉘우치니

---

1 ②, ③

2 ⑤

3 ①, ②

4 사신 / 문제 / 어머니

5 ⑤

6 ④

7 ⑤

8 망주석 / 옥 / 비단

지문이 궁금해

"늙은 어머니의 지혜"

• 글의 종류 전래 동화

• 글의 특징 중국 사신이 세 가지 문제를 내어 나라가 어려움에 처하자 동이가 어머니의 지혜로 문제를 풀게 된다는 이야기로, 부모님의 지혜로움과 부모님에 대한 효심에 대해 생각해 볼 수 있습니다.

• 글의 흐름

중국 사신이 세 가지 문제를 냄.	→	임금님이 백성들에게 문제를 알림.	→	동이 어머니가 방법을 알려 줌.

"망주석 재판"

• 글의 종류 전래 동화

• 글의 특징 비단 장수가 비단을 잃어버린 사건을 해결하기 위해 사또가 무덤 옆의 망주석을 데려와 재판을 하는 내용의 이야기로, 사또의 현명함을 느낄 수 있습니다.

• 글의 흐름

망주석 재판을 본 사람들이 웃음.	→	사또가 웃은 사람들을 옥에 가둠.	→	풀어주는 대신 비단을 바치게 함.

---

1 늙은 부모님을 산에 버리는 풍습을 따르지 않고 어머니를 모시고 살던 동이는 어머니께 중국 사신이 낸 문제를 말씀드렸고, 어머니는 문제 푸는 방법을 말해 주었습니다.

2 임금님은 중국 사신이 낸 문제를 풀지 못하면 나라의 보물을 빼앗기게 되어 걱정스러웠을 것입니다.

3 어머니는 긴 세월을 살아오면서 많은 경험을 쌓아 지혜로운 분이라 했고, 남몰래 어머니를 집에 모시고 사는 동이는 효심이 지극한 성격입니다.

오답을 조심해

③ 중국 사신은 문제를 풀지 못하면 나라의 귀한 보물을 가져가겠다고 말하는 것으로 보아 거만하고 심술궂습니다.

④ 임금님이 잘난 체를 하는 부분은 주어진 글에 나타나 있지 않습니다.

⑤ 동이는 나라의 풍습을 따르지 않으면서까지 어머니를 모시고 사는 것으로 보아 욕심 많고 냉정한 성격과는 거리가 멉니다.

4 중국 사신 이 세 가지 문제 를 내어 나라가 어려움에 처하자, 동이의 어머니 가 문제 푸는 방법을 알려 주었습니다.

5 사또는 돌로 된 망주석이 마치 사람인 것처럼 재판을 하고 망주석이 대답하지 않자 볼기를 쳤습니다.

6 "너는 무덤 옆에 서 있었으니 비단 도둑을 보았을 것이 아니냐?"라는 사또의 말을 통하여 망주석이 무덤 옆에서 관가로 이동하였음을 알 수 있습니다.

▲ 망주석

7 사또는 재판을 하는데 웃음소리가 웬 말이냐며 포졸들을 시켜 웃은 사람들을 모두 옥에 가두라고 하였습니다.

8 사또는 망주석 을 관가로 끌고 와 재판을 했고 그것을 보고 웃은 사람들을 옥 에 가둔 뒤 용서해 줄 테니 비단 을 바치라고 하였습니다.

4일 예술

본문 70~73쪽

 어휘 퀴즈

70쪽 / ❶ 정면 ❷ 계기

72쪽 / ❶ 소재 ❷ 확대

---

1 ③, ⑤

2 (2) ○

3 아비뇽의 아가씨들

4 피카소 / 큐비즘 / 입체

5 ④

6 ③

7 로이 릭턴스타인

8 팝 아트 / 미술

지문이 궁금해

"큐비즘의 탄생"

· 글의 종류 설명하는 글

· 글의 특징 미술 역사상 최초의 큐비즘(입체주의) 작품인 파블로 피카소의 '아비뇽의 아가씨들'에 대해 소개하며 큐비즘의 특성과 미술사에 끼친 영향 등에 대해 설명하고 있습니다.

· 글의 흐름

| 피카소가 최초의 큐비즘 작품을 그림. | → | 큐비즘은 대상을 입체 도형처럼 표현함. | → | 큐비즘은 회화의 새로운 가능성을 열었음. |

"재미있는 팝 아트"

· 글의 종류 설명하는 글

· 글의 특징 일상과 가장 가까운 예술인 팝 아트의 기원과 특징, 대표적인 팝 아트 작가들의 특성 등에 대해 자세히 설명하고 있습니다.

· 글의 흐름

| 팝 아트는 일상과 가장 가까운 예술임. | → | 팝 아트로 인해 미술이 친근해짐. | → | 대표적인 작가로는 앤디 워홀 등이 있음. |

---

1 큐비즘은 대상을 여러 방향에서 본 뒤 입체 도형처럼 표현하여 한 화면에 표현합니다.

2 주어진 그림 중 인물을 입체 도형처럼 표현하여 그린 것은 ⑵입니다.

> **오답**을 조심해
>
> ⑴ 산과 호수의 모습을 마치 사진을 찍은 듯 눈에 보이는 그대로 그려 낸 그림입니다.
> ⑶ 꽃병에 담긴 꽃의 순간적인 색채를 포착하여 밝게 그려 낸 그림입니다.

3 파블로 피카소가 1907년에 그린, 미술 역사상 최초의 큐비즘 작품은 '아비뇽의 아가씨들'입니다.

4 파블로 피카소 가 처음으로 시도한 큐비즘 은 대상을 입체 도형처럼 표현하였습니다.

5 팝 아트는 텔레비전이나 거리의 교통 표지판, 만화 속 주인공 등 일상에서 쉽게 볼 수 있는 평범하고 흔한 소재들을 미술의 영역으로 끌어들였습니다.

6 글의 앞뒤 내용으로 보아 ㉠에는 '팝 아트'가 들어가야 알맞습니다.

> **독해 비법** 앞뒤 내용을 통해 빈칸에 들어갈 말을 짐작해요!
>
> 팝 아트는 1950년대 초 영국에서 시작되어 1950년대 중·후반 미국으로 널리 퍼진 현대 미술의 한 흐름입니다. (팝 아트에 대한 설명 ①) ㉠ 은/는 사람들이 기존에 가지고 있던 예술의 의미를 다시 한 번 생각하게 했습니다. (팝 아트에 대한 설명 ②) 텔레비전이나 거리의 교통 표지판, 만화 속 주인공 등 평범하고 흔한 소재들을 미술의 영역으로 끌어들 (팝 아트에 대한 설명 ③) 였지요.

7 주어진 내용은 로이 릭턴스타인의 특성에 해당합니다. 앤디 워홀은 이미지를 판화 기법을 통해 반복적으로 찍어 내어 표현했고, 클라스 올든버그는 일상에서 쉽게 볼 수 있는 것들을 거대하게 확대하여 설치했습니다.

8 영국에서 시작된 팝 아트 는 평범하고 흔한 소재를 미술 의 영역으로 끌어들여 어렵게만 생각했던 미술을 친근하게 느낄 수 있게 하였습니다.

5일 문학

본문 74~77쪽

74쪽 / ❶ 함부로　　❷ 주의

76쪽 / ❶ 스스로　　❷ 무사히

1 ⑤

2 ④

3 ①, ②, ⑤

4 파에톤 / 태양 / 불바다

5 ④

6 (1) 해모수　(2) 주몽

7 고구려

8 주몽 / 졸본 / 고구려

지문이 궁금해

"파에톤과 태양 마차"

• 글의 종류　신화

• 글의 특징　파에톤이 태양 마차를 몰다가 결국 세상을 불바다로 만드는 내용의 신화입니다.

• 글의 흐름

파에톤이 떼를 씀.	→	헬리오스가 고삐를 넘겨줌.	→	세상이 불바다가 됨.

"고구려를 세운 주몽"

• 글의 종류　신화

• 글의 특징　알에서 태어난 주몽이 위기를 이겨 내고 고구려를 세우는 내용의 신화입니다.

• 글의 흐름

알에서 태어난 아기를 '주몽'이라 함.	→	대소 왕자가 주몽을 죽이려 함.	→	위기를 벗어난 주몽이 고구려를 세움.

1 파에톤은 태양 마차의 고삐를 놓쳐 세상을 불태우게 되었고, 아버지인 헬리오스의 말을 듣지 않은 것을 후회했습니다.

2 이 글에서 파에톤이 헬리오스에게 떼를 쓰는 것으로 보아, 헬리오스가 파에톤의 소원(태양 마차를 몰게 해 주는 것)을 들어주겠다고 약속하였음을 짐작할 수 있습니다.

> **독해 비법** 글에 생략된 내용을 짐작해요!
>
> • "파에톤, 함부로 약속한 내가 잘못이다. 하지만 네가 아무리 원하더라도 태양 마차만은 몰게 할 수 없단다."
> 　　　　　　약속을 지키지 못한다는 말
> • "아버지, 신들은 약속을 어기지 않는다고 들었어요. 저 태양
> 　　　　　　　　　약속을 지키라는 말
> 마차를 몰게 해 주세요."
> 　파에톤의 소원
> → 헬리오스가 약속을 지키지 못한다고 하는 것과 파에톤이 신들은 약속을 어기지 않는다며 자신의 소원을 들어 달라 떼를 쓰는 것을 통해 헬리오스가 파에톤의 소원을 들어주겠다는 약속을 했다는 것을 짐작할 수 있습니다.

3 헬리오스는 태양 마차를 너무 높지도 낮지도 않게 하늘 한가운데로 달리게 하라고 했습니다.

4 파에톤은 태양의 신만이 몰 수 있는 태양 마차를 몰았다가 세상을 불바다로 만들었습니다.

5 사람들은 아이를 활을 잘 쏘는 사람이란 뜻으로 '주몽'이라 불렀습니다.

6 천제(하느님)의 아들인 해모수와 하백(강의 신)의 딸인 유화가 낳은 아이는 주몽입니다.

7 주몽은 졸본 땅에 이르러 나라를 세우고 이름을 '고구려'라 했는데, 그때 주몽은 열두 살이었다고 하였습니다.

8 알에서 태어난 주몽은 대소 왕자의 시기를 받아 동부여를 떠났고, 졸본 땅에 고구려를 세웠습니다.

독해 속 어휘 마무리!

본문 78~79쪽

1 (1) 썼다　(2) 풀어　(3) 대상

2 (1) 웬　(2) 계기　(3) 주제　(4) 매달린　(5) 개발　(6) 잊고

3 (1) 생동감　(2) 생태계　(3) 풍습

4 (1) 친밀한　(2) 도움말　(3) 보호

1일 사회

본문 82~85쪽

어휘 퀴즈

82쪽 / ❶ 의무   ❷ 대립
84쪽 / ❶ 가훈   ❷ 정당한

1 ②
2 ④
3 ⑤
4 오블리주 / 의무 / 대립
5 ②
6 ②
7 ②, ③
8 최 부잣집 / 가훈 / 책임

지문이 궁금해

"노블레스 오블리주"

- **글의 종류** 설명하는 글
- **글의 특징** 사회적으로 높은 위치에 있는 사람들이 그에 알맞은 도덕적 의무를 다해야 한다는 말인 '노블레스 오블리주'의 유래에 대해 설명하며 노블레스 오블리주 정신이 계층 간 대립을 해결할 좋은 방법이 될 것임을 알리는 글입니다.
- **글의 흐름**

| 노블레스 오블리주는 로마 때 시작됨. | → | 칼레의 시민들이 이 정신을 실천함. | → | 현대 사회에도 이 정신이 필요함. |

"여섯 가지 가훈"

- **글의 종류** 설명하는 글
- **글의 특징** 12대에 걸쳐 부를 이어 온 경주 최 부잣집에서 전해 오는 여섯 가지 가훈을 알려 주며 읽는 이에게 진정한 부자의 의미에 대해 생각해 보게 하는 글입니다.
- **글의 흐름**

| 경주 최 부잣집은 오랫동안 부를 이어 옴. | → | 최 부잣집에 여섯 가지 가훈이 전해 옴. | → | 사회적 책임을 다하는 부자가 되어야 함. |

1 노블레스 오블리주 정신은 현대 사회에서도 계층 간의 대립을 해결할 수 있는 가장 좋은 방법이 될 것이라고 하였습니다.

2 남보다 앞장서서 행동해서 몸소 다른 사람의 본보기가 된다는 뜻의 '솔선수범'이 알맞습니다.

오답을 조심해

① 이리저리 왔다 갔다 하며 일이나 나아가는 방향을 종잡지 못함.
② 까마귀가 모인 것처럼 질서가 없이 모인 병졸이라는 뜻으로, 임시로 모여들어서 규율이 없고 무질서한 병졸 또는 군중을 이르는 말.
③ 적의 사정과 나의 사정을 자세히 앎.
⑤ 마음과 마음으로 서로 뜻이 통함.

3 사회적으로 높은 위치에 있는 사람이 그에 알맞은 도덕적 의무를 다한 사례를 찾아봅니다.

4 노블레스 오블리주는 사회적으로 높은 위치에 있는 사람들에게 알맞은 도덕적 의무를 말하는 것으로, 현대 사회에서도 계층 간의 대립을 해결할 수 있는 정신입니다.

5 흉년에는 재산을 늘리지 말라고 하였으며 이는 남의 불행을 이용해 재산을 늘리지 말고 정당한 방법을 통해 재산을 늘리라는 뜻이라고 하였습니다.

6 3년간 무명옷을 입게 하는 것은 사치하지 않고 꾸밈 없이 수수하다는 뜻의 검소한 생활을 하게 하려는 뜻입니다.

7 어려운 사람을 위해 재물을 나누는 등 사회적 책임을 다하라는 내용의 최 부잣집 가훈을 보고 ②와 같이 생각할 수 있고, 흉년이 들면 굶주린 사람들에게 죽을 끓여 주었다는 최 부잣집 이야기를 보고 ③과 같이 떠올릴 수 있습니다.

8 12대에 걸쳐 부를 이어 온 최 부잣집의 여섯 가지 가훈은 부자의 사회적 책임을 보여 주고 있습니다.

어휘 퀴즈

86쪽 / ❶ 관심   ❷ 함유량

88쪽 / ❶ 기능   ❷ 배열

1 ③
2 재희, 주원
3 ㉰
4 방어 / 퇴치 / 소리
5 ③
6 ㉯, ㉮, ㉰
7 ③, ⑤
8 진동 / 실로폰 / 소리

지문이 궁금해

"식물도 소리를 듣는다"

• 글의 종류   설명하는 글

• 글의 특징   식물과 소리에 관한 연구 결과에 대해 자세히 설명하며 식물도 소리를 듣는다는 것을 알려 주는 글입니다.

• 글의 흐름

식물도 소리를 듣는다는 주장이 있음.	→	식물이 소리를 듣는다는 연구 결과가 있음.	→	식물을 소중히 여기며 다정하게 대해야 함.

"유리병 실로폰"

• 글의 종류   설명하는 글

• 글의 특징   유리병과 쇠젓가락과 물로 재미있는 유리병 실로폰을 만드는 방법을 자세히 설명하며 소리의 높이가 진동수에 따라 달라진다는 것을 알려 주는 글입니다.

• 글의 흐름

유리병으로 실로폰을 만들 수 있음.	→	소리의 높이는 진동수에 따라 다름.	→	유리병 실로폰은 물의 양에 따라 소리가 달라짐.

1 포도나무에 특정한 소리를 들려주면 포도의 색깔과 향이 좋아지고, 폴리페놀의 함유량이 늘어나며, 포도를 맺는 속도도 빨라진다고 하였습니다.

2 '퇴치'는 물리쳐서 아주 없애 버린다는 뜻이므로 재희와 주원이가 알맞게 말했습니다.

오답을 조심해

세율이가 사용한 '퇴치'는 '설치'로 고쳐 써야 합니다.

3 ㉡에는 연구를 통하여 알게 된 사실이 들어가야 합니다. 애기장대가 바람 소리나 다른 곤충의 소리를 들려주었을 때에는 반응을 보이지 않은 것을 통해 ㉰와 같은 사실을 알 수 있습니다.

독해 비법   앞 내용을 통해 이어질 내용을 짐작해요!

그 결과 배추흰나비 애벌레가 갉아 먹는 소리를 들려준 애기장대는 그렇지 않은 애기장대보다 더 많은 방어 물질을 내보냈다. 그러나 바람 소리나 애기장대에게 해롭지 않은 다른 곤충의 소리를 들려주었을 때에는 반응을 보이지 않았다.

애기장대가 자신을 갉아 먹는 소리와 다른 소리를 구분함.

4 식물이 소리에 긍정적으로 반응하거나 방어 물질을 내보내 애벌레를 퇴치 하는 것을 통해 식물도 소리를 듣는다는 것을 알 수 있습니다.

5 이 글은 유리병 실로폰에서 소리가 나는 원리를 설명하여 쓴 글입니다.

6 유리병 실로폰은 똑같은 유리병을 준비한 뒤, 각 병에 모두 다른 양의 물을 담고, 쇠젓가락으로 유리병을 두들기며 물의 양을 조절해 만듭니다.

7 소리는 물체의 진동에 의해 생기고, 진동수에 따라 소리의 높이가 달라집니다. 물이 많이 담긴 병은 진동수가 적어서 낮은 소리가 나고, 물이 적게 담긴 병에서는 진동수가 많아서 높은 소리가 납니다.

8 병 안에 담긴 공기가 진동 하면서 소리가 나는 유리병 실로폰 은 병에 담긴 물의 양에 따라 소리 의 높낮이가 달라집니다.

3 일 문학

1 ④
2 (1) ㉮ (2) ㉯
3 릴리펏 임금님
4 릴리펏 / 브리퍼스큐
5 ①
6 ④
7 ③
8 여우 / 고양이 / 금화

지문이 궁금해

"걸리버 여행기"

- **글의 종류** 세계 명작 동화
- **글의 특징** 항해 중 배가 난파해 물결에 떠돌아다니던 걸리버가 기이한 나라에 가서 모험을 하는 이야기로, 주어진 부분은 걸리버가 소인국 릴리펏에서 겪은 일에 해당합니다.
- **글의 흐름**

릴리펏 임금님이 걸리버를 부름.	→	걸리버는 임금님의 부탁을 거절함.	→	브리퍼스큐 사신이 걸리버를 찾아옴.

"피노키오의 모험"

- **글의 종류** 세계 명작 동화
- **글의 특징** 착한 목수 제페토가 나무를 깎아 만든 피노키오가 요정의 도움으로 사람처럼 말하고 행동하게 된다는 이야기로, 주어진 부분은 피노키오가 교활한 여우와 고양이에게 속는 부분에 해당합니다.
- **글의 흐름**

피노키오는 여우가 시키는 대로 금화를 땅에 묻음.	→	한 시간 뒤 피노키오가 요술 들판으로 돌아옴.	→	피노키오는 자신이 속았음을 앎.

---

1 걸리버는 브리퍼스큐 섬을 통째로 차지하고 싶다는 릴리펏의 임금님에게 브리퍼스큐와 릴리펏이 사이좋게 지내야 한다고 말했습니다.

2 ㉠은 걸리버가 임금님에게 딱 잘라 거절하는 상황이므로 단호한 목소리로, ㉡은 브리퍼스큐 사신들이 걸리버를 브리퍼스큐에 초대하는 상황이므로 공손한 목소리로 읽는 것이 어울립니다.

3 릴리펏 임금님은 브리퍼스큐 섬을 통째로 차지하고 싶어서 걸리버에게 브리퍼스큐의 나머지 소형 군함도 빼앗아 오라는 부탁을 하였습니다.

4 걸리버는 릴·리·펏 임금의 지나친 요구에 더 이상 전쟁을 하지 않겠다고 결심하고 브·리·퍼·스·큐로 가고 싶어 했습니다.

5 앵무새는 여우와 고양이가 금화를 훔쳐 갔다고 알려 주며 피노키오를 비웃었을 뿐 금화를 찾아 주지는 않았습니다.

6 여우와 고양이는 피노키오를 속이고 금화 네 닢을 훔쳐 갔습니다.

독해 비법 인물의 성격을 파악해요!

- "여기에 금화를 하나씩 묻고 저기 있는 샘물을 좀 퍼다 부어."
- "자, 이젠 한 시간쯤 마을을 구경하고 오면 되겠구나. 그럼, 우리는 간다."
- 여우와 고양이는 싱글벙글 벌어지는 입을 억지로 다물며 인사했습니다.

→ 여우와 고양이는 피노키오의 금화 네 닢을 훔쳐 가기 위해 피노키오에게 금화에서 싹이 난다는 거짓말을 하고 있습니다. 이러한 말과 행동을 볼 때 여우와 고양이는 간사하고 꾀가 많다는 뜻의 교활한 성격이라고 할 수 있습니다.

---

7 피노키오는 마음이 조마조마해서 자꾸 요술 들판 쪽을 바라보다가 여우와 고양이에게 속아 금화 네 닢을 잃어버린 것을 알게 되었으므로 불안한 마음에서 속상한 마음으로 바뀌었을 것입니다.

8 피노키오는 여·우와 고·양·이에게 속아 금·화 네 닢을 나무 옆에 묻었다가 잃어버리고 말았습니다.

4일 인물

본문 94~97쪽

어휘 퀴즈

94쪽 / **1** 지배   **2** 뒷바라지

96쪽 / **1** 무료   **2** 헌신

---

1 ②

2 ㉂, ㉁, ㉃

3 준희

4 폴로늄 / 라듐 / 판테온

5 ③

6 막사이사이 사회 봉사상

7 ①, ④

8 장기려 / 봉사 / 바보

지문이 궁금해

"판테온에 묻힌 마리 퀴리"

- **글의 종류** 전기문
- **글의 특징** 방사능 원소 '폴로늄'과 '라듐'을 발견하고 라듐을 분리해 낸 공로로 노벨 물리학상 · 화학상을 받은 마리 퀴리의 생애에 대해 자세히 알 수 있는 글입니다.
- **글의 흐름**

| 마리 퀴리는 첫 여성 물리학 박사가 됨. | → | 마리 부부는 노벨상을 받음. | → | 마리 퀴리는 백혈병에 걸려 세상을 떠남. |

"바보 의사 장기려"

- **글의 종류** 전기문
- **글의 특징** 의사 장기려가 가난한 환자들을 위해 한 일을 알려 주며 자신이 가진 것을 모두 병든 사람들을 치료하고 가난한 사람들을 돕는 데 쓴 장기려의 생애에 대해 생각해 볼 수 있습니다.
- **글의 흐름**

| 장기려는 가난한 사람들을 무료로 치료함. | → | 장기려는 청십자 의료 보험 조합을 설립함. | → | 1995년에 '바보 의사' 장기려가 세상을 떠남. |

1 이 글은 마리 퀴리에 대한 전기문입니다. 전기문은 위대한 사람의 일생을 쓴 글로, 가장 큰 특징은 사실성이며 업적을 통해 교훈을 주는 것이 목적입니다.

2 이 글에서 시간을 나타내는 말을 찾아보면 일어난 일을 시간 순서대로 쉽게 정리할 수 있습니다. 마리 퀴리는 폴란드에서 태어나 소르본 대학에 들어가 물리학 박사가 되고 피에르 퀴리와 결혼을 합니다. 그 후 폴로늄과 라듐을 발견하여 노벨 물리학상을 받고 라듐을 분리하여 노벨 화학상을 받은 뒤 백혈병에 걸려 세상을 떠납니다.

3 마리 퀴리는 남편이 아니라 언니를 뒷바라지하였고 남편과 함께 연구를 계속하여 폴로늄과 라듐을 발견하고 라듐을 분리해 낸 공로로 노벨 물리학상 · 화학상을 받았습니다.

4 방사능 원소인 폴로늄과 라듐을 발견한 마리 퀴리는 프랑스의 위인들만 묻힐 수 있는 국립 묘지 판테온에 묻혔습니다.

5 장기려는 혼자만의 힘으로는 많은 환자를 다 도울 수 없다고 생각해서 더 많은 사람들이 의료 혜택을 누릴 수 있도록 청십자 의료 보험 조합을 설립하였습니다.

6 장기려는 사회 봉사 활동에 대한 공로를 인정받아 1979년에 막사이사이 사회 봉사상을 받았습니다.

7 장기려가 가난한 사람들을 위해 무료로 치료해 준 것을 보면 봉사하는 삶을 추구한다는 것을 알 수 있습니다. 또한 혼자만의 힘으로는 많은 환자들을 다 도울 수 없다고 생각하였지만 청십자 의료 보험 조합을 설립한 것을 보면 쉽게 포기하지 않는 삶을 추구한다는 것도 알 수 있습니다.

8 가난한 환자들을 위해 살기로 결심한 장기려는 한평생 의사로서 헌신하고 봉사하는 삶을 살아 바보 의사라는 이름을 남겼습니다.

5 일 문학

본문 98~101쪽

 어휘 퀴즈

98쪽 / ❶ 갑절　　　❷ 밭두렁

100쪽 / ❶ 저만치　　❷ 지네

---

1 ②

2 (1) ㉰　(2) ㉯　(3) ㉮

3 (1) 가시나무　(2) 돈나무　(3) 사시나무

4 나무 / 나무 타령 / 동요

5 ③

6 (1) ㉯　(2) ㉮

7 ⑤

8 산유화 / 꽃 / 외로움

지문이 궁금해

"나무 타령"

· 글의 종류　시(전래 동요)

· 글의 특징　나무의 이름과 나무 이름에서 연상되는 것을 반복해서 엮어 나감으로써 재미를 느낄 수 있는 시입니다.

· 글의 흐름

> 청명 한식에 나무를 심으러 가자고 함.

"산유화"

· 글의 종류　시

· 글의 특징　자연 속에서 피었다 지는 산유화에 대해 노래하는 시로, 같은 문장 구조를 반복하여 운율이 느껴집니다.

· 글의 흐름

> 산에는 갈(가을) 봄 여름 없이 꽃이 피고 짐.

독해 속 어휘 마무리!

본문 102~103쪽

1 (1) ②　(2) ①　(3) ②

2 (1) 은혜　(2) 공격　(3) 지나감

3 (1) 걸음　(2) 나무

4 (1) ㉰　(2) ㉮　(3) ㉯　(4) 환원　(5) 설립　(6) 배열

---

1 다양한 나무 이름으로 말놀이의 재미를 한껏 살려 낸 전래 동요입니다.

2 '십 리'의 절반은 '오 리'입니다. 방귀를 뀌면 '뽕'이라고 소리 납니다. 거짓이 없는 것은 '참'입니다.

3 앞부분 말에서 떠오르는 나무 이름을 찾아봅니다. '따끔따끔'은 바늘처럼 뾰족하게 돋친 것에서 느낄 수 있는 것이므로 '가시나무', '한 푼 두 푼'에서 '푼'은 돈을 세는 단위이므로 '돈나무'와 관련 있습니다. '사시사철'은 '봄 · 여름 · 가을 · 겨울 네 철 내내의 동안.'을 뜻하는 말인데, 이는 '사시나무'의 '사시'와 연결 지어 읽으면 운율이 느껴집니다.

4 다양한 나무 이름을 재미있게 알려 주는 나무 타령은 우리말의 재미를 한껏 느끼게 하는 말놀이 전래 동요입니다.

5 이 시 '산유화'의 중심 소재는 꽃입니다.

6 꽃이 핀다는 것은 생명이 탄생함을, 꽃이 진다는 것은 생명이 사라짐을 뜻합니다.

7 이 시의 2연을 읽고 ⑤와 같이 느낄 수 있습니다.

오답을 조심해

① '산에는/꽃 피네/꽃이 피네//갈 봄/여름 없이/꽃이 피네'처럼 규칙적인 구조로 이루어져 리듬이 느껴집니다.
② 이 시는 도시와는 관련이 없습니다.
③ 1연과 4연은 같은 구조를 이루고 있으나 1연에서는 '꽃이 피네'라고 하여 생성을, 4연에서는 '꽃이 지네'라고 하여 소멸을 노래하고 있습니다.
④ 새는 꽃이 좋아 산에서 산다고 하였습니다.

8 김소월의 시 산유화는 '저만치' 피어 있는 꽃과의 거리감으로 인해 느껴지는 외로움을 노래하고 있습니다.

본문 106~109쪽

어휘 퀴즈

106쪽 / ❶ 해산물　　❷ 식재료

108쪽 / ❶ 유랑민　　❷ 해초

---

1 ①

2 ①

3 (1) × 　(2) ○ 　(3) × 　(4) ○ 　(5) ×

4 해산물 / 시각적

5 ③

6 (3) ○

7 지연, 은정

8 유랑민 / 해산물

지문이 궁금해

"일본의 음식 문화"

• 글의 종류　설명하는 글

• 글의 특징　일본 음식 문화의 특징을 나열하여 설명하는 글로, 일본 음식 문화는 해산물을 이용한 조리법이 발달했고, 재료의 고유한 맛을 그대로 살리며, 시각적인 아름다움을 강조하는 등 일본만의 독특한 특징이 있음을 알 수 있습니다.

• 글의 흐름

일본에서는 해산물을 이용한 조리법이 발달함.	→	재료의 맛을 살리고, 시각적 아름다움을 강조함.	→	주로 젓가락을 써서 소리 내지 않고 먹음.

"바자우족의 집"

• 글의 종류　설명하는 글

• 글의 특징　말레이시아 셈포르나에 살고 있는 바자우족의 집에 대하여 소개하는 글로, 바자우족의 수상 가옥을 짓는 방법과 수상 가옥의 장점, 바자우족의 생활 모습에 대하여 알 수 있습니다.

• 글의 흐름

바자우족은 수상 가옥을 짓고 살아감.	→	수상 가옥은 여러 장점이 있음.	→	바자우족은 이동하며 살아감.

---

1 이 글은 일본 음식 문화의 여러 가지 특징에 대하여 설명하고 있는 글입니다.

2 문단 **1**에서 일본 음식 문화의 몇 가지 특징을 살펴보겠다고 말한 뒤, 문단 **2**~**5**에서 '첫째', '둘째', '셋째', '마지막으로'와 같은 말을 사용하여 일본 음식 문화의 특징을 나열하여 제시하였습니다.

3 쌀밥을 주식으로 하고 국과 반찬을 함께 먹으며, 젓가락을 위주로 사용해 음식을 먹는다고 하였습니다.

오답을 조심해

(1) 일본 음식 문화는 시각적인 아름다움을 강조하는 것이 특징이라고 하였습니다.

(3) 육류 대신 해산물을 이용한 다양한 조리법이 발달했다고 하였습니다.

(5) 자연에서 얻은 재료의 고유한 맛을 그대로 살리는 조리법이 일본 음식 문화의 특징이라고 하였습니다.

4 일본의 음식 문화는 해산물을 이용한 조리법이 발달했으며 재료의 고유한 맛과 시각적인 아름다움을 중요하게 여기는 것 등이 특징입니다.

5 바자우족은 한곳에 머물러 살지 않고, 해산물을 찾아 더 좋은 곳으로 이동하며 살아간다고 하였습니다.

6 바다 위에 나무 기둥을 박은 뒤 나무 조각으로 벽과 바닥을 만들고 나뭇잎을 엮어 지붕을 얹은 모습은 (3)입니다.

오답을 조심해

(1) 얼음과 눈덩이로 둥글게 만들어진 집으로, 북극 지방에 사는 사람들이 사는 집의 모습입니다.

(2) 짚이나 갈대 따위로 지붕을 인 집으로, 우리나라의 옛날 집들이 이러한 모습이었습니다.

7 바다에서는 육류보다 해산물을 쉽게 구할 수 있기 때문에 승훈이는 알맞게 말하지 못하였습니다.

8 수상 가옥은 바다 유랑민 바자우족에게 딱 알맞은 집으로, 바자우족은 한곳에 머물러 살지 않고 해산물을 찾아 이동하며 살아갑니다.

2일 과학

본문 110~113쪽

어휘 퀴즈

110쪽 / ❶ 가열 ❷ 냉각

112쪽 / ❶ 연소 ❷ 이변

---

1 ④

2 ③

3 ⑤

4 온도 / 물방울 / 수증기

5 ③

6 (1) ○ (2) × (3) × (4) ○

7 소율

8 온실가스 / 온난화

지문이 궁금해

"물의 변화"

- 글의 종류 설명하는 글
- 글의 특징 물이 온도에 따라 그 상태가 고체, 액체, 기체로 변한다는 것을 얼음물을 담아 놓은 유리컵에 물방울이 맺히는 것 등의 예를 들어 쉽게 설명하고 있습니다.
- 글의 흐름

| 물은 온도에 따라 그 상태가 변함. | → | 기체를 냉각하면 액체가 됨. | → | 물은 고체, 액체, 기체로 돌고 돎. |

"온난화를 부르는 이산화 탄소"

- 글의 종류 설명하는 글
- 글의 특징 산업화와 도시화에 따른 온실가스의 증가로 지구 온난화가 일어난다는 것을 알려 주면서 지구 온난화로 인해 지구 곳곳에서 일어나게 될 이상 현상에 대하여 설명하는 글입니다.
- 글의 흐름

| 온실 효과 덕에 지구는 온도를 유지함. | → | 온실가스의 증가로 인해 지구가 뜨거워짐. | → | 지구 온난화는 전 세계의 문제임. |

---

1 얼음물이 담겨 있는 유리컵에 맺힌 물은 공기 중의 수증기가 차가운 컵에 닿아 냉각되면서 물방울이 되어 맺힌 것입니다.

2 물이 얼어서 되는 고체는 얼음입니다.

3 ⓒ은 기체가 액체로 변하는 현상이므로 추운 곳에서 따뜻한 실내로 들어설 때 안경에 김이 서리는 것이 이에 해당합니다.

오답을 조심해

① 고체가 액체로 변하는 현상입니다.
② 액체가 기체로 변하는 현상입니다.
③ 액체가 고체로 변하는 현상입니다.
④ 액체가 기체로 변하는 현상입니다.

4 물은 온도에 따라 그 상태가 변하는데 유리컵에 맺힌 물방울은 공기 중의 수증기가 차가운 컵에 닿아 응결된 것입니다.

5 주어진 내용은 온실 효과에 대한 설명입니다.

오답을 조심해

① 산업의 형태가 됨. 또는 그렇게 되게 함.
② 햇볕이 몹시 뜨겁게 내리쬘 때의 더위.
④ 태풍이나 공습 따위의 위험이 닥쳐올 때 경계하도록 미리 알리는 일. 또는 그 보도나 신호.
⑤ 지구의 기온이 높아지는 현상.

6 지구 온난화로 남극과 북극의 빙하가 녹고, 바닷물이 불어나서 해안 지역의 도시와 섬들이 물에 잠기게 될 것이며, 여름은 점점 길어지고 무더위가 심해지며, 홍수나 태풍 등이 자주 발생할 수도 있다고 하였습니다.

7 승연이와 세영이는 지구 온난화의 주된 원인인 온실가스를 많이 발생시키는 방법을 말하였으므로 알맞지 않습니다.

8 산업화와 도시화로 인해 이산화 탄소 등 온실가스가 증가하였고, 온실가스는 지구 온난화를 불러와 지구가 위험에 처하게 되었습니다.

3일 문학

114쪽 / ❶ 맘껏   ❷ 강요
116쪽 / ❶ 상류   ❷ 거슬러

1 ③
2 꿈쟁이
3 ⑤
4 잠자리 / 꿈쟁이 / 흔적
5 ③
6 ①
7 ④
8 강 / 꿈 / 희망

지문이 궁금해

"고추잠자리 꿈쟁이의 흔적"

- 글의 종류 창작 동화
- 글의 특징 단풍나무 아저씨가 자신이 살다 간 흔적을 남기고 싶어 하는 고추잠자리 꿈쟁이와 대화를 나누는 내용의 이야기로, 꿈쟁이가 바라는 삶의 모습에 대하여 생각해 볼 수 있습니다.
- 글의 흐름

고추잠자리가 단풍나무 가지에 앉음.	→	고추잠자리는 자신의 이름이 꿈쟁이라고 했음.	→	꿈쟁이는 살다 간 흔적을 남기고 싶어 함.

"연어의 꿈"

- 글의 종류 창작 동화
- 글의 특징 알을 낳기 위해 강의 상류로 거슬러 올라가는 눈 맑은 연어와 은빛 연어를 통해 보이지 않는 것을 찾아가는 일은 힘겹지만 아름다운 것이라는 점을 생각하게 하는 글입니다.
- 글의 흐름

연어들은 알을 낳기 위하여 상류로 감.	→	은빛 연어는 삶의 이유에 대하여 생각함.	→	초록 강은 거슬러 오르는 것의 의미를 설명함.

1 단풍나무('나')가 고추잠자리에게 자기 가지에서 맘껏 쉬라고 말하고 새들을 조심하라고 주의를 주는 것으로 볼 때 너그럽고 생각이 깊은 성격임을 알 수 있습니다.

2 고추잠자리는 자신의 이름이 꿈쟁이라며 단풍나무가 묻지도 않은 이름을 알려 주었습니다.

3 ⑤는 호랑이가 죽은 다음에 귀한 가죽을 남기듯이 사람은 죽은 다음에 생전에 쌓은 공적으로 명예를 남기게 된다는 뜻으로, 흔적을 남기고 사라지고 싶은 꿈쟁이의 바람과 관련이 있는 말입니다. 나머지는 꿈쟁이의 바람과 아무런 관련이 없습니다.

오답을 조심해

① 말은 비록 발이 없지만 천 리 밖까지도 순식간에 퍼진다는 뜻으로, 말을 삼가야 함을 비유적으로 이르는 말.
② 기역 자 모양으로 생긴 낫을 보면서도 기역 자를 모른다는 뜻으로, 아주 무식함을 비유적으로 이르는 말.
③ 어릴 때 몸에 밴 버릇은 늙어 죽을 때까지 고치기 힘들다는 뜻으로, 어릴 때부터 나쁜 버릇이 들지 않도록 잘 가르쳐야 함을 비유적으로 이르는 말.
④ 잘 아는 일이라도 세심하게 주의를 하라는 말.

4 고추잠자리인 꿈쟁이는 자신이 살다 간 흔적을 남기고 싶어 합니다.

5 초록 강은 강물을 거슬러 오른다는 것이 지금 보이지 않는, 꿈이나 희망 같은 것을 찾아간다는 뜻이라고 하였습니다.

6 눈 맑은 연어는 알을 낳기 위해 상류로 가는 것이 연어들이 살아가는 이유라고 했습니다.

7 눈 맑은 연어가 온몸에 반점이 생겨 온통 붉은빛을 띠는 것은 어른이 되었다는 뜻이라고 했으므로 연서의 말은 알맞지 않습니다.

8 연어들이 강을 거슬러 오르는 것은 꿈이나 희망처럼 보이지 않는 것을 찾아가는, 힘겹지만 아름다운 일입니다.

24 /국어 독해 3단계

4일 스포츠

본문 118~121쪽

 어휘 퀴즈

118쪽 / ① 선전 ② 공식적
120쪽 / ① 조절 ② 성공

1 ④

2 (2) ○

3 ⑩ 4강 신화 다시 쓰자! 다음에는 우승이다!

4 월드컵 / 응원 / 세계

5 ⑤

6 (1) ⓵ (2) ⓐ (3) ⓓ

7 ③

8 컬링 / 스톤 / 스위핑

지문이 궁금해

"월드컵 거리 응원"

· 글의 종류 설명하는 글

· 글의 특징 세계인의 축제인 월드컵에서 거리 응원이 본격적으로 시작된 것이 2002년 피파(FIFA) 월드컵 때라는 것과 이후 공식적인 거리 응원 공간인 '팬 페스트'가 만들어지고 있다는 것을 설명하는 글입니다.

· 글의 흐름

월드컵 거리 응원이 2002년 시작됨.	→	2006년에 '팬 페스트'가 만들어지기 시작함.	→	거리 응원은 전 세계에서 즐기는 문화가 됨.

"재미있는 컬링"

· 글의 종류 설명하는 글

· 글의 특징 '컬링'에서 사용하는 용어와 경기 규칙, 스톤의 방향과 속도를 조절하는 방법 등에 대하여 자세히 설명하는 글입니다.

· 글의 흐름

컬링은 스톤을 하우스에 넣는 경기임.	→	스위핑에 따라 경기 결과가 좌우됨.	→	컬링은 머리를 많이 쓰는 스포츠라 할 수 있음.

1 2002년 한국과 일본에서 월드컵이 공동 개최되었고 한국의 선전을 위해 다 같이 붉은색 티셔츠를 입고 광장이나 거리에 모여 응원을 하면서 본격적으로 거리 응원이 시작되었습니다.

오답을 조심해

① 성별과 나이를 가리지 않고 다양한 사람들이 모여 대한민국을 응원했습니다.
② 주어진 글에 나타나지 않은 내용입니다. 월드컵 거리 응원의 시작이 바로 대한민국이었다고 설명하였습니다.
③ 2002년 월드컵은 한국과 일본에서 공동 개최되었습니다.
⑤ 각자 다른 색이 아닌 붉은색 티셔츠를 입고 응원하였습니다.

2 붉은색 티셔츠를 입고 거리에서 응원하는 모습이 나타난 그림은 (2)입니다. (1)은 초록색 티셔츠를 입은 모습이고, (3)은 축구 선수들이 축구하는 모습이기 때문에 알맞지 않습니다.

3 월드컵에 출전한 선수들을 응원하는 내용으로 자유롭게 쓰되, 상대편을 깎아내리거나 얕보는 내용은 바르지 않습니다.

4 2002년 피파(FIFA) 월드컵 때 한국에서 시작된 거리 응원 문화는 이제 전 세계에서 즐기는 월드컵 축제 문화가 되었습니다.

5 하우스 중앙 쪽에 스톤이 많은 편이 승리한다고 하였습니다.

6 '투구'는 과녁 쪽으로 스톤을 밀어 보내는 것이고, '하우스'는 스톤이 들어가야 하는 과녁입니다. 또 '스위핑'은 빗자루 모양의 브룸으로 얼음 위를 닦는 행동을 말합니다.

7 컬링은 상대편이 방어를 위해 깔아 놓은 스톤의 옆으로 돌아가 하우스 안의 스톤을 쳐낼 수 있는 방법을 짜내야 합니다.

8 컬링은 얼음판에서 스톤을 투구한 뒤 스위핑으로 방향과 속도를 조절하여 하우스에 넣는 경기입니다.

5일 문학

본문 122~125쪽

 어휘 퀴즈

122쪽 / **1** 발각　　**2** 맹세

124쪽 / **1** 버럭　　**2** 당황하며

---

1 ⑤

2 ③

3 ②

4 몬터규 / 줄리엣 / 사랑

5 ④

6 (1) ㉯, ㉰　(2) ㉮, ㉱

7 ㉠ 부모님을 젊게 만들어 드리고 싶다. 부모님이 늘 건강하시기를 바라기 때문이다.

8 개 / 파란 구슬 / 강물

지문이 궁금해

"로미오와 줄리엣"

• 글의 종류　희곡

• 글의 특징　로미오와 줄리엣이 사랑에 빠지면서 일어나는 비극적인 사건을 다룬 작품입니다.

• 글의 흐름

| 로미오와 줄리엣은 원수의 가문임. | → | 로미오는 줄리엣을 보며 사랑을 속삭임. |

"개와 고양이"

• 글의 종류　희곡

• 글의 특징　개와 고양이가 강을 건너다가 파란 구슬을 강물에 빠뜨리는 이야기입니다.

• 글의 흐름

| 개가 고양이를 업고 강을 건넘. | → | 개가 고양이에게 계속 질문을 함. | → | 고양이는 구슬을 강에 빠뜨림. |

---

1 이와 같은 글은 희곡입니다. 희곡에서 등장인물이 하는 말인 대사에는 둘이서 주고받는 '대화', 등장인물 혼자서 하는 말인 '독백', 다른 등장인물에게는 들리지 않고 관객에게만 들리는 '방백'이 있습니다.

2 로미오의 가문인 몬터규 가와 줄리엣의 가문인 캐플릿 가는 원수 관계입니다. 로미오와 줄리엣의 사랑은 집안의 인정을 받지 못합니다. ③은 줄리엣을 사랑하는 로미오의 마음을 표현한 말입니다.

3 로미오가 창가로 나와 달라고 말한 바로 다음이므로 줄리엣은 창가로 다가서며 말했을 것입니다.

4 원수 집안인 몬터규 가와 캐플릿 가의 자손 로미오와 줄리엣은 서로 사랑하게 되었습니다.

5 개와 고양이가 파란 구슬을 찾아오다가 강물에 빠뜨렸습니다.

> **오답을 조심해**
> ① 공간적 배경은 어느 강가입니다.
> ② 개가 고양이를 등에 업고 강을 건넜습니다.
> ③ 이 글의 주인공인 고양이는 헤엄을 못 칩니다.
> ⑤ 개와 고양이는 파란 구슬을 찾았지만 강물 속에 빠뜨려서 할머니, 할아버지께 가져다 드리지 못하게 되었습니다.

6 개는 헤엄을 못 치는 고양이를 업고 강을 건너면서 궁금한 점을 고양이에게 계속 물었습니다. 고양이는 파란 구슬을 놓친 뒤 개에게 화를 내며, 실수한 것에 대해 개의 탓을 하였습니다.

7 자신의 경험을 바탕으로 자유롭게 상상하여 쓰되, 까닭이 드러나도록 합니다.

8 개와 고양이가 잃어버린 파란 구슬을 찾아오다가 강물에 빠뜨렸습니다.

독해 속 어휘 마무리!

본문 126~127쪽

1 (1) 조리　(2) 기체　(3) 꿈

2 (1) 개최　(2) 부릴　(3) 곰곰이　(4) 얹은　(5) 떼　(6) 둘러싸인

3 (1) 파괴　(2) 가옥　(3) 흔적

4 (1) 불편　(2) 단결　(3) 연해진다

본문 130~133쪽

어휘 퀴즈
130쪽 / ❶ 공략 ❷ 야망
132쪽 / ❶ 중심 ❷ 개량

1 ⑤
2 ②
3 ⑤
4 위화도 / 주희 / 다율
5 ⑤
6 ③
7 ③
8 광개토 / 업적 / 고구려

지문이 궁금해

"위화도 회군은 정당한가?"

• 글의 종류 토론
• 글의 특징 고려 우왕의 명에 따라 명나라를 정벌하러 가던 이성계가 위화도에서 군대를 돌려 권력을 잡은 '위화도 회군'이 정당한지에 대하여 토론하는 내용의 글입니다.
• 글의 흐름

| 위화도 회군은 나라 안팎의 상황을 볼 때 정당함. | ➡ | 왕을 내쫓고 고려를 망하게 한 위화도 회군은 정당하지 않음. |

"광개토 대왕릉비에 있는 것"

• 글의 종류 설명하는 글
• 글의 특징 중국의 만주 지방에 있는 동아시아 최대 비석 광개토 대왕릉비에 대하여 설명하는 글로, 광개토 대왕릉비에 담겨 있는 생각과 광개토 대왕의 업적에 대하여 알 수 있습니다.
• 글의 흐름

| 광개토 대왕릉비는 장수왕이 세웠음. | ➡ | 고구려가 세상의 중심이란 생각이 담겨 있음. | ➡ | 광개토 대왕은 백성을 편안하게 한 임금임. |

1 이성계의 위화도 회군이 정당하다고 주장하는 사람들과 정당하지 않다고 주장하는 사람들이 토론하고 있습니다.

2 이 글에서 주희는 이성계의 위화도 회군은 정당하다고 말하며, 고려는 백성들의 삶은 힘들어지고 외적의 침입이 이어져서 이미 나라가 어려운 상태였다고 이성계의 행동을 옹호하였습니다.

3 다율이는 자신이 섬기던 왕을 내쫓고 고려를 망하게 한 위화도 회군은 정당하다고 볼 수 없다고 말하며 위화도 회군에 대해서 부정적인 평가를 내리고 있습니다.

4 위화도 회군에 대해 주희와 준혁이는 정당하다고 주장하였고, 한빛이와 다율이는 정당하지 않다고 주장하였습니다.

5 광개토 대왕의 업적을 기념하기 위해 아들인 장수왕이 세운 비석입니다.

6 광개토 대왕릉비에는 고구려가 세상의 중심이라는 생각이 담겨 있다고 하였습니다.

7 광개토 대왕릉비에 나타난 광개토 대왕의 업적과 고구려가 세상의 중심이라는 주체성에 대한 글이므로 고구려인의 후손이라는 사실에 대한 느낌을 말한 한결이가 알맞게 반응했습니다.

오답을 조심해
①, ② 이 글은 광개토 대왕과 고구려 백성들에 대해 설명하고 있으므로 중국이나 백제, 신라 사람들과는 관련이 없습니다.
④ 광개토 대왕릉비에는 고구려가 중국의 영향 아래에 있는 나라가 아니라, 우리 민족이 스스로 역사를 이끌어 나가고 있다는 생각이 담겨 있습니다.
⑤ 1,770개의 글자가 새겨져 있는 광개토 대왕릉비에는 고구려가 세상의 중심이라는 생각이 담겨 있습니다.

8 광개토 대왕릉비에는 광개토 대왕의 업적이 기록되어 있으며 고구려가 세상의 중심이라는 생각이 담겨 있습니다.

2일 과학

 어휘 퀴즈

134쪽 / **1** 우두머리　　**2** 수단

136쪽 / **1** 원료　　**2** 인공

1 ②

2 ④

3 ⑤

4 복종 / 코끼리 / 존재

5 ③

6 ②

7 재희

8 뽕잎 / 누에 / 천충

지문이 궁금해

"코끼리의 복종"

• 글의 종류 주장하는 글

• 글의 특징 코끼리의 먹이와 생활 모습, 특성 등에 대하여 알려 주면서 코끼리가 인간의 즐거움을 위해서가 아닌 코끼리의 모습 그대로 존재해야 한다는 주장을 내세운 글입니다.

• 글의 흐름

| 코끼리의 코는 여러 가지 역할을 함. | → | 사람들은 코끼리를 복종하게 함. | → | 코끼리도 당당하게 존재할 권리가 있음. |

"하늘이 내린 벌레, 누에"

• 글의 종류 설명하는 글

• 글의 특징 예로부터 인간에게 이익을 주는 벌레라는 뜻에서 '천충'이라고 불린 누에에 대해 설명하는 글로, 누에의 한살이와 누에의 쓰임에 대해 자세히 알 수 있습니다.

• 글의 흐름

| 잠원역에는 누에와 관련된 벽화가 있음. | → | 누에는 뽕잎을 먹고 자라 고치를 만듦. | → | 누에는 인간에게 이익을 줌. |

---

1 코끼리는 가족 단위로 무리 지어 생활한다고 하였습니다.

오답을 조심해

① 코끼리는 가족 단위로 무리 지어 생활합니다.
③ 코끼리는 어미를 잃은 새끼 코끼리가 있으면 마치 자기 새끼처럼 돌보아 주기도 합니다. 새끼를 다른 어미에게 맡긴다는 내용은 나타나 있지 않습니다.
④ 코끼리는 머리가 좋고 기억력이 뛰어납니다.
⑤ 무리 중에서 가장 경험이 많은 암컷이 우두머리가 됩니다.

2 그림 그리기는 사람들이 코끼리를 복종하도록 길들인 뒤 코끼리에게 하도록 강요하는 일입니다.

독해 비법 글의 내용을 자세히 살펴봐요!

　코끼리는 근육질로 되어 있는 코로 과일을 따거나 무거운 나무를 들 수도 있습니다. 또 물을 마시고 뿜어낼 수도 있지요.② 이 밖에도 새끼를 구하거나 돌보고,①③ 진흙을 튀기고, 식량을 모으는 등⑤ 여러 가지 역할을 합니다.

3 글쓴이는 코끼리는 인간의 즐거움을 위해서가 아니라 코끼리의 모습 그대로 존재해야 한다는 생각을 드러내고 있습니다.

4 사람들은 인간의 즐거움을 위해서 코끼리를 인간에게 복 종 하도록 길들이지만 코 끼 리 도 야생의 모습 그대로 존 재 할 권리가 있습니다.

5 이 글은 누에의 한살이와 쓰임에 대해 자세히 설명하고 있습니다.

6 누에는 한 번 잠을 잘 때마다 한 살씩 나이를 먹고 보통 3~5일에 한 번씩 잠을 잔다고 하였습니다.

뽕잎을 먹는 누에 ▶

7 '이익을 주는 벌레'는 '더할 익(益)' 자를 써서 '익충'이라고 표현할 수 있습니다.

8 뽕 잎 을 먹고 성장한 누 에 는 인간에게 비단 외에도 수술용 실, 인공 고막의 원료 등을 제공하며 예로부터 천 충 이라고 불렀습니다.

3일 문학

본문 138~141쪽

 어휘 퀴즈

138쪽 / **1** 재물   **2** 덩그렇게

140쪽 / **1** 재치   **2** 껌벅껌벅

---

1 ②

2 (1) 2 (2) 1 (3) 3

3 ③

4 원님 / 곳간 / 저승사자

5 ③

6 ⑤

7 ⑤

8 도깨비 / 수수께끼

지문이 **궁금해**

"저승의 곳간"

- **글의 종류** 전래 동화
- **글의 특징** 영암 고을 원님이 저승사자의 실수로 저승에 갔다가 덕진 아씨에게 쌀을 빌려 저승사자에게 주고 이승으로 돌아오는 내용의 이야기로, 착하게 살아야 한다는 깨달음을 줍니다.
- **글의 흐름**

| 저승사자가 수고비를 달라고 함. | → | 원님은 덕진 아씨에게 쌀을 빌림. | → | 원님은 이승의 문에 도착함. |

"도깨비와 수수께끼 내기"

- **글의 종류** 전래 동화
- **글의 특징** 재치 있는 소년이 도깨비와 수수께끼 내기를 하는 내용의 이야기로, 아무리 위급한 경우에도 정신만 똑똑히 차리면 위기를 벗어날 수 있다는 깨달음을 줍니다.
- **글의 흐름**

| 도깨비가 수수께끼 문제를 냄. | → | 소년이 재치 있게 대답함. | → | 도깨비는 소년의 수수께끼에 답하지 못함. |

---

1 저승사자가 곳간 문을 열었을 때, 원님의 곳간에는 겨우 볏짚 한 단만이 덩그러니 놓여 있었다고 했습니다.

▲ 볏짚

2 원님의 곳간이 비어 있어서 원님은 쌀이 수백 석이나 있는 덕진 아씨 곳간에 가서 삼백 석을 빌리고 이승의 문 앞에 도착했습니다.

3 이승에서 착한 일을 하지 않아 곳간이 텅 빈 원님을 통하여 자기가 가진 것을 나누며 착하게 살아야 한다는 점을 깨달을 수 있습니다.

4 저승의 곳간이 텅 비어 있는 원님은 덕진 아씨의 곳간에서 쌀 삼백 석을 빌려 저승사자에게 주고서야 이승으로 돌아올 수 있었습니다.

5 도깨비가 수수께끼 내기를 하자고 덤벼들자 소년은 무섭기는 했지만 정신을 바짝 차렸습니다.

6 도깨비는 자신이 무엇이라고 대답하든 소년이 그와 반대로 행동할 것을 알았기 때문에 뭐라고 대답해야 할지 알 수 없었습니다.

7 ⑤는 아무리 위급한 경우를 당하더라도 정신만 똑똑히 차리면 위기를 벗어날 수가 있다는 말로, 도깨비 때문에 무서운 상황에서도 정신을 바짝 차리고 재치 있게 대처한 소년의 모습과 관련이 있습니다.

오답을 **조심해**

① 기본이 되는 것보다 덧붙이는 것이 더 많거나 큰 경우를 비유적으로 이르는 말.
② 말은 비록 발이 없지만 천 리 밖까지도 순식간에 퍼진다는 뜻으로, 말을 삼가야 함을 비유적으로 이르는 말.
③ 몹시 고생을 하는 삶도 좋은 운수가 터질 날이 있다는 말.
④ 어릴 때 몸에 밴 버릇은 늙어 죽을 때까지 고치기 힘들다는 뜻으로, 어릴 때부터 나쁜 버릇이 들지 않도록 잘 가르쳐야 함을 비유적으로 이르는 말.

8 재치 있는 소년은 도깨비와 수수께끼 내기를 하여 이겼습니다.

4일 인물

본문 142~145쪽

어휘 퀴즈

142쪽 / ❶ 시도 ❷ 도구

144쪽 / ❶ 획득 ❷ 강인한

1 ③

2 ③

3 ②

4 동물 / 침팬지 / 생명체

5 ④

6 (1) ㉰ (2) ㉮ (3) ㉫ (4) ㉯ (5) ㉬

7 ⑤

8 톰프슨 / 최선 / 금메달

지문이 궁금해

"제인 구달의 사랑"

• 글의 종류 전기문

• 글의 특징 동물을 관찰하는 것을 좋아하던 제인 구달이 탄자니아 숲의 야생 동물 보호 구역에 들어가 침팬지를 관찰하고, 결국 침팬지 보호를 위한 활동을 하게 되기까지의 내용입니다.

• 글의 흐름

> 어린 제인은 동물을 관찰하기를 좋아함. ➡ 제인은 침팬지를 관찰하러 탄자니아에 감. ➡ 제인은 침팬지 보호 운동을 함.

"일레인 톰프슨의 도전"

• 글의 종류 기사문

• 글의 특징 2016년 8월 18일, 브라질 리우 올림픽 주경기장에서 열린 여자 200미터 달리기 결승에서 일레인 톰프슨이 금메달을 땄음을 알리는 기사문입니다.

• 글의 흐름

> 톰프슨은 원래 주목받지 못하는 선수였음. ➡ 톰프슨이 부상에도 정신력으로 금메달을 땀. ➡ 톰프슨은 올림픽 2관왕이 됨.

1 제인 구달이 몇 시간씩 쭈그리고 앉아 닭이 알을 낳는 모습을 지켜 본 것을 통해 동물을 관찰하는 것을 좋아했음을 알 수 있습니다.

2 제인 구달은 침팬지들과 친해지기 위해서 매일 똑같은 옷을 입고 똑같은 자리에서 침팬지를 기다렸다고 하였습니다.

3 제인 구달은 침팬지를 동물원에 가두고 실험용으로 사용하기도 한다는 사실을 알고 침팬지를 보호하기 위해 '침팬지 보호 운동'을 했으며 동물도 소중한 생명체라는 것을 사람들에게 다시 한 번 일깨워 주었습니다.

4 어린 시절부터 동물을 관찰하기 좋아했던 제인 구달은 침팬지 연구 활동을 하면서 동물도 소중한 생명체라는 사실을 일깨워 주었습니다.

5 자메이카의 일레인 톰프슨이 올림픽 200미터 달리기에서 금메달을 획득했다는 소식을 알려 주는 기사문입니다.

6 '누가', '언제', '어디서', '무엇을', '어떻게' 등에 따라 글을 쓰면 좀 더 정확하고 자세하게 쓸 수 있습니다.

독해 비법 글의 내용을 자세히 살펴봐요!

> 2016년 8월 18일, 브라질 리우 올림픽 주경기장에서 열린
> 〔언제〕 〔어디에서〕
> 여자 200미터 달리기 결승에서 일레인 톰프슨이 21초 78로 결
> 〔누가〕 〔어떻게〕
> 승선을 통과해 금메달을 땄다.
> 〔무엇을〕

7 톰프슨은 인터뷰에서 "나는 전사다. 대회에 나오기 전에 허벅지를 다쳤지만 강인한 정신력으로 최선을 다했다."고 말했습니다. 따라서 줄넘기 대회에서 최선을 다해 경기를 마친 성우가 비슷한 경험을 하였습니다.

8 브라질 리우 올림픽에 참가한 일레인 톰프슨은 강인한 정신력으로 최선을 다해 여자 200미터 달리기 결승에서 금메달을 땄습니다.

5^일 문학

본문 146~149쪽

 어휘 퀴즈

146쪽 / ❶ 의외로 　❷ 확신
148쪽 / ❶ 우연 　❷ 황급히

1 ⑤
2 ⑤
3 ②
4 현이 / 풀잎 / 충실
5 ②
6 우애
7 ⑤
8 암탉 / 우애 / 우계

지문이 궁금해

"현이의 연극"

• 글의 종류　수필

• 글의 특징　현이를 통해 자신이 맡은 일에 최선을 다해야 한다는 것을 깨닫게 되는 글입니다.

• 글의 흐름

| 엄마는 현이가 눈에 띄지 않아 실망함. | → | 현이는 실수를 한 것을 걱정함. | → | 현이가 역할에 충실했음을 깨달음. |

"우애 있는 닭"

• 글의 종류　수필

• 글의 특징　암탉이 병아리들을 사랑하는 모습을 통해 보는 이에게 깨달음을 주는 글입니다.

• 글의 흐름

| 암탉이 병아리들을 돌봄. | → | 암탉을 '우계'라 부름. | → | 암탉은 사랑받음. |

1 이 글과 같이 일정한 형식 없이 일상생활에서의 느낌이나 체험을 생각나는 대로 쓴 글을 '수필'이라고 합니다.

오답을 조심해
① 희곡에 대한 설명입니다.
② 전기문에 대한 설명입니다.
③ 제안하는 글에 대한 설명입니다.
④ 시에 대한 설명입니다.

2 현이는 엄마가 자신의 실수를 못 본 것을 알고 안심했습니다.

3 주어진 글에는 비록 보잘것없는 역할이지만, 자기의 역할에 충실한 현이의 모습이 긍정적으로 나타나 있습니다.

4 현이는 눈에 잘 안 띄는 풀잎 역을 했지만 자기의 역할에 충실했습니다.

5 주어진 글에 아픈 병아리들을 부리로 핥아 주었다는 내용은 나타나 있지 않습니다.

6 '우계'는 우애 있는 닭이라는 뜻으로, 동생 병아리들을 어미 닭처럼 아끼고 사랑한 암탉에게 붙인 이름입니다.

7 우계의 선한 행동을 사람들이 본받아야 한다는 교훈적 의도에서 이 글을 썼습니다. 교훈이란 앞으로의 행동이나 생활에 지침이 될 만한 것을 가르침을 뜻합니다.

▲ 닭과 병아리

8 최선을 다해 동생 병아리들을 돌보는 암탉의 모습을 보고 우애 있는 닭이라는 뜻의 '우계'라는 이름을 지어 주었습니다.

독해 속 어휘 마무리!

본문 150~151쪽

1 (1) ② 　(2) ② 　(3) ①
2 (1) 희망 　(2) 가짐 　(3) 명령
3 (1) 고개 　(2) 호랑이
4 (1) ㉮ 　(2) ㉰ 　(3) ㉯ 　(4) 침착한 　(5) 강인한 　(6) 정벌한